经济管理学术文库·管理类

广西国有林场会计与财务管理问题研究

Research on Accounting and Financial Management of Guangxi State-owned Forest Farm

黄光银　吴　芹／著

经济管理出版社
ECONOMY & MANAGEMENT PUBLISHING HOUSE

图书在版编目（CIP）数据

广西国有林场会计与财务管理问题研究/黄光银，吴芹著．—北京：经济管理出版社，
2019.6
ISBN 978 - 7 - 5096 - 6647 - 0

Ⅰ.①广…　Ⅱ.①黄…　②吴…　Ⅲ.①国营林场—会计—研究—广西 ②国营林场—财务
管理—研究—广西　Ⅳ.①F326.276.7

中国版本图书馆 CIP 数据核字（2019）第 101725 号

组稿编辑：曹　靖
责任编辑：曹　靖　郭　飞
责任印制：黄章平
责任校对：陈　颖

出版发行：经济管理出版社
　　　　　（北京市海淀区北蜂窝 8 号中雅大厦 A 座 11 层　100038）
网　　址：www. E - mp. com. cn
电　　话：（010）51915602
印　　刷：北京虎彩文化传播有限公司
经　　销：新华书店
开　　本：720mm×1000mm/16
印　　张：12.75
字　　数：207 千字
版　　次：2019 年 6 月第 1 版　　2019 年 6 月第 1 次印刷
书　　号：ISBN 978 - 7 - 5096 - 6647 - 0
定　　价：68.00 元

目 录

第一章　林业和林场概况

第一节　广西林业及国有林场的基本概况

一、广西林业概况

（一）地理位置优越

目前，广西已然成为中国南方重要林区。广西地区拥有得天独厚的自然条件，地区从北纬20°54′横跨至26°24′，东经104°24′至112°04′，位于中国南疆。优越的地理位置使广西拥有适宜的气候——平均气温在18~23℃、充足的日照和雨量。该区每年降水量能达到1100~2800毫米，又因属于雨热同季，则降雨主要集中在4~9月，降雨量占全年的75%。广西人均林地面积是人均耕地面积的4倍之多，发展林业具有良好的基础，同时还拥有丰富的劳动力、庞大的木材供给量和需求量等优势。基于这些自然和社会环境优势，广西也成为了南方集体林区不可或缺的重要组成部分。

（二）森林资源丰富

因贯彻落实和完成建设防护林、退耕还林和石漠化综合治理、造林补贴等国家重点造林工程，培育和扩大森林资源，严格执行森林面积占补平衡制度。"十二五"期间，广西完成荒山造林 71.27 万公顷、迹地更新 76.67 万公顷，义务植树 4.5 亿多株，森林面积比"十一五"期末增加 93.33 万公顷，达 1466.67 万公顷，居全国第六位；森林覆盖率超过"十二五"规划目标 2.2 个百分点，达 62.2%，居全国第三位、西部地区第一位；森林蓄积量达 7.44 亿立方米，净增 1.86 亿立方米，年均增加 3720 万立方米，年森林生长量达到 8496 万立方米。在努力扩大森林资源总量的同时，扎实抓好森林抚育补贴、公益林提质增效、通道森林景观改造提升三个森林经营项目，全面推进森林经营质量提升工程。2015 年森林生态服务功能总价值达 1.2 万亿元，比 2010 年增加了 3000 多亿元，增幅达 45%，居全国第三位；乔木林单位面积蓄积量增长 15.46%，达到 64.5 立方米/公顷；乔木林混交林比重达 43.6%，比全国平均水平高 4.6 个百分点；森林碳储量达 3.7 亿吨。提高国家储备林基地、全国亚热带珍贵树种培育基地等基地的建设速度，科学适度发展用材林，大力发展乡土树种、珍贵树种、特色经济林树种。

（三）产业基础持续增强

"十二五"以来，广西加大建设国家木材战略储备基地和全国亚热带珍贵树种培育基地，林地面积稳步增加，林木资源不断增长，为全区林业产业快速发展奠定了雄厚的资源基础。工业原料林逐步向基地化、规模化迈进，人工林面积近 666.7 万公顷，速丰林面积 266.7 万公顷，年木材产量达 2500 万立方米，均居全国第一位；森林公园经营总面积近 26.7 万公顷。

（四）产业规模不断壮大

广西林业产业发展迅猛，"十二五"末，林业总产值由"十一五"期末的 1277 亿元增加到"十二五"期末的 4305 亿元，居全国第三位，年均增长达 27.5%。造纸与木材加工业成为广西第九个千亿元产业，由 557 亿元增加到 1655 亿元，增速达 24.3%，木材销售收入由 106 亿元增加到 170 亿元，增长了 60%。林下经济发展强劲，经济产值达到 714 亿元，带动 1400 多万林农发展林下经济，实现人均增收 1700 多元，森林旅游方面发展迅速，年接待游客 7712 万人次，森林旅游成为林业第三产业最大的增长点。在林化产品方面，例如松香、桂油、栲胶、八角等产品产量一直稳居全国首位。

2018 年，广西林业系统在广西壮族自治区林业局（原广西壮族自治区林业厅，下称"广西林业局"）等政府部门领导下，稳步推进林业供给侧结构性改革，加大其生态经济发展力度，逐步扎实增强林产品生产能力。全区林业产业总产值达 5628 亿元，同比增长 7.7%，林业增加值增速达 3.5%；木材产量达 3100 万立方米，同比增长 1.6%，广西木材年产量在全国木材年产量的占比超过 1/3，为维护国家木材供给的稳定做出了突出贡献。林产工业转型升级不断提速，造纸与木材加工业实现年产值 2100 亿元。林下经济产值达到 986 亿元，同比增长 11.4%，发展面积达到 5861 万亩，惠及林农 1500 多万人。森林旅游方面发展迅速，旅游收入达到 419 亿元，同比增长 20%，年接待游客达 1.1 亿人次，同比增长 18%。同时，产业园区方面实现强劲发展，年内建设并通过自治区政府考评认定的自治区级现代特色林业核心示范区 25 个，自治区级林业核心示范区达 49 个、县级达 48 个。

二、广西国有林场概况

（一）全区林场数量及分布情况

截至 2017 年 10 月，广西全区共有国有林场 180 家，其中 174 家属于林业系统、5 家属于华侨系统、1 家属于民政系统；以机构定性作为分类标准，则有 9 家属于企业单位、171 家属于事业单位，其中这 171 家事业单位属性的国有林场中，有 7 家为全额拨款事业单位、47 家为差额拨款事业单位、117 家为自收自支事业单位；以机构层级作为分类标准，则有 13 家为广西林业局直属国有林场，2 家为科研单位直属实验国有林场，165 家为市县政府直属国有林场（南宁市 13 家、柳州市 12 家、桂林市 14 家、梧州市 8 家、北海市 4 家、防城港市 8 家、钦州市 6 家、贵港市 7 家、玉林市 10 家、百色市 24 家、贺州市 6 家、河池市 28 家、来宾市 12 家、崇左市 13 家）。①

（二）广西国有林场业务呈多向发展

至 2018 年 9 月广西 13 家区直国有林场拥有场办企业共计 148 家，其中林场

---

① 宋正海．广西林业厅直属国有林场人才队伍建设研究［D］．湖南：中南林业科技大学，2017.

独资企业 90 家，林场控股企业 28 家，林场参股企业 30 家。场办企业业务涵盖林木种植、林产加工、园林规划设计、动物养殖、房地产、房屋租赁、商贸物流、化肥生产、文化旅游等。① 国有林场的业务发展呈多元化繁荣态势。下文以广西某国有林场为例（下文统称为 F 国有林场），来研究国有林场的业务发展情况。

始建于 1953 年的 F 国有林场，是广西林业局直属国有林场，拥有员工 4000 余人，林场经营面积为 120 万亩左右，其森林蓄积量超过 430 万立方米，是目前广西乃至全国规模最大的国有林场。F 国有林场的组织机构如图1－1和图 1－2 所示。

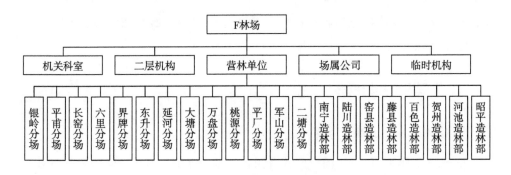

图 1－1　F 林场组织机构

F 林场设有十几个营林分场，造林范围覆盖广西 12 个市与多个县（市、区）。F 林场现今拥有 28 家场属公司，经营范围涉及：林业；加工、销售：原木（条）、板方材、人造板、木线条、木制家具、木制办公用品、原竹、竹制品；房地产开发；销售：熟松香（危险化学品除外）；园林绿化工程；林业技术研究与开发；机制红砖生产销售；道路普通货物运输；市场设施销售；市场开发投资；

---

① 刘霜莲，林佳贝，潘海晏，王劲松，蒋凡. 广西区直国有林场场办企业存在的问题及化解途径 [J]. 中国林业经济，2018（5）.

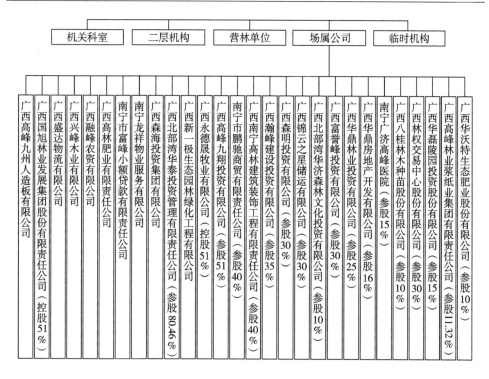

图 1－2　F 林场组织机构

仓储、场地租赁；经营管理服务；医疗；商品贸易。主营业务包括速丰林、经济林、人造板、森林旅游、土地开发利用等。F 林场主要从事林产品和人造板的生产和销售，形成了以营林为基础，人造板产业为龙头，第三产业协调发展的"林工贸一体化"发展格局。其业务收入主要来自林产品、人造板和其他业务板块。

其中，作为龙头业务的人造板产业发展得十分出彩，F 林场共计拥有 7 条人造板生产线，人造板年产量将近 90 万立方米，其生产的人造板获得广泛好评，连续多年被评为广西优质产品、名牌产品，其品牌和绿色环保价值更是被社会所认可，曾被评为"中国板材十大品牌"和"中国最具绿色价值板材"，现已成为全国一线高端人造板产品品牌。

（三）广西国有林场人员结构现状

表1-1 广西林业局直属林场人才学历结构

人才类型	人数/比例		研究生	大学本科	大学专科	中专	高中及以下
管理人员	人数	1855	153	981	519	130	72
	比例	100%	8.25%	52.88%	27.98%	7.01%	3.88%
专业技术人员	人数	3333	129	1580	1129	439	56
	比例	100%	3.87%	47.40%	33.87%	13.17%	1.68%
工勤技能人员	人数	6029	0	32	303	633	5061
	比例	100%	0%	0.53%	5.03%	10.50%	83.94%
合计总比例	11217		282	2593	1951	1202	5189
	100%		2.51%	23.12%	17.39%	10.72%	46.26%

根据上述广西林业局直属林场人才学历结构表可知，相比 2006～2010 年这段时间，2011～2015 年期间拥有学历的人才占比增加幅度较大，其中，管理人员里大学本科和大学专科占比超过 80%，是管理主力队伍，其学历背景基本能满足工作对管理人员基本知识和学习素养的要求，但仍有 10% 左右的管理人员学历背景不足，其学历为中专甚至是高中及以下；而专业技术人员中对创新起关键作用的研究生学历人员比例最低，大学本科和大学专科仍是专业技术队伍主力，而工勤技能人员因工种所需技术含量较低，因此对高学历人才的需求也相对较低，其工作人员中中专与高中及以下学历的人占比超过 90%。基于工作人员对推动本单位乃至整个广西的生态文明建设有重大影响，因此需加大对国有林场人才队伍的重视程度和培训力度，以更好地适应时代发展。

（四）广西国有林场经济发展情况

广西经营林地总面积为约 140 万公顷，占全国总经营林地面积的 2.15%，并拥有将近 200 个国有林场，占全国国有林场数目总量的 4.15%。广西国有林场自身天然林区资源水平，与临近的广东、贵州、湖南等省份差距不大。进入 20 世纪以后，广西改革创新，大规模开展营林造林工程，迅速提高了森林蓄积量和森林覆盖率，使得本区林业在全国脱颖而出。

根据原国家林业局 2013 年汇总了全国国有林场数据后发布的决算报告层面

的权威数据可知，2013年广西国有林场营业总收入达69.4亿元，占全国38.6%，排名第一；同比增长27%，比全国高14.7个百分点；利润总额和净利润也独占大头，是全国比重的60%多，分别为8.99亿元和8.88亿元，同比增长分别为77.1%和75.8%，均比全国高约30个百分点；年末资产总计303.46亿元，占全国21.56%，排名也是第一。

至2014年，广西国有林场总的固定资产为387.54亿元，总收入为231.66亿元，一、二、三产业产值比为6:4:3，向国家上缴税金达78.44亿元，利润总额为72.36亿元。根据权属划分，具体情况见表1-2。

表1-2 广西国有林场经济发展情况　　　　　　　　　　单位：亿元

项目	固定资产	总收入	一、二、三产业产值比	上缴税金	利润总额
区属林场	154.01	73.40	7:3:3	30.37	27.85
市属林场	34.81	17.18	7:3:3	6.53	5.41
县属林场	198.72	141.08	6:5:3	41.54	39.10
合计	387.54	231.66	6:4:3	78.44	72.36

至2017年国有林场资产373亿元，金融债务124亿元，经营收入56.5亿元，利润1亿元。并且随着林场改革的进行，组织开展"提质增效"活动和"大场带小场"改革试点，全面加强区直国有林场预算财务管理和经营销售管理，提高了国有林场发展的质量效益。广西国有林场的综合实力、主要经济指标均居全国前列，8家区直国有林场进入全国国有林场总收入前10强。

（五）广西国有林场改革

国有林场是国家为加快森林资源培育、保护和改善生态环境，在无林少林、集中连片地区建立的以造林为主的林业基层事业单位。在重视生态建设的21世纪，林业发展战略的实施要以生态建设为重要着力点，现有林业管理体制阻断了国有林场基本建设的经济来源，与此同时现有林业管理体制的弊端也逐渐显现，即林业生产投入大、周期长、税费重，无法适应形势发展的需要，也让既要承担生态建设的重要任务，又要自给自足的国有林场陷入了发展困境，因而国有林场的改革势在必行。2018 年，全国 4612 个国有林场基本完成改革任务，占国有林场总数 4855 个的 95%。作为中国南方的重要林区，广西国有林场改革也已经取得了重大突破。

全区 175 家国有林场改革后整合为 148 家，其中 131 家 2017 年年底完成了主体改革任务，占 88.5%，当时国有林场已完成以下改革内容：

一是公益性质进一步明确。整合后的 148 家国有林场中，确定为公益一类 55 家、公益二类 84 家、保持企业性质林场 9 家，公益类林场比例达到 93.9%，进一步明确了国有林场在生态文明建设中的地位。

二是科学核定了事业编制。部分林场保持了原有编制，部分林场适当核减了编制，在职在编人员整体稳定。已明确核定国有林场事业编制数 19940 个，比改革前的 24318 个减少了 4378 个，减编率 18%，做到了因事设岗，合理配置。

三是社保政策全面落实。国有林场职工全部按改革后确定的单位性质参加了基本养老保险和基本医疗、失业、工伤、生育保险。全区已争取到中央改革补助资金 9.1 亿元、自治区改革补助资金 1.3 亿元，解决了部分林场欠缴社会保险费问题。

四是财政保障明显增强。改革后，公益一类林场增多，部分公益二类林场也定为财政全额保障，部分差额保障林场也不同程度地提高了保障额度。财政全额保障林场 98 个，占 66.2%；差额保障林场 42 个，占 28.4%；定额保障林场 7 个，占 4.7%；自收自支林场 1 个，占 0.7%。

五是富余职工妥善安置。各地通过采取购买服务、发展特色产业、解除劳动关系、转岗就业等多种方式，完成了 2376 名富余职工安置，做到了不因改革而导致职工失业，确保富余职工就业有渠道、收入有保障，维护了社会稳定。

（六）国有林场投融资概况

近年来，虽然国有林场经营状况总体较 20 年前有所改善，但是除了区直国有林场以外的大部分国有林场尚处于规模小、无林产工业、产业结构单一、产业链短等发展初级阶段，发展后劲不足，而长期的政策边缘化及背负沉重的历史债务，造成资金的严重短缺，严重制约了林场的改革发展。

据统计，到 2015 年年底，广西全区国有林场负债总额达 168.38 亿元，其中：银行贷款 106.44 亿元，社会保险 7.29 亿元，职工工资、生活补贴 6.89 亿元，欠林业部门费用 1.12 亿元，其他债务 46.62 亿元。同时，逐年增加的职工政策性待遇、社会统筹，尤其是退休人员的政策性补贴等林场无力承担，有的林场职工生活水平还不如当地农民。

广西国有林场发展现状不是十分乐观，在诸如资金管理、职工待遇、发展前景等方面都需要改进。

第二节　林业及国有林场在广西发展中的重要意义

一、林业在广西发展中的重要意义

（一）承担推进广西生态文明建设重大使命

广西地处珠江、长江中上游区域，水资源丰富，著名的河流包括右江、左江、邕江、红水河、漓江、柳江、西江。并且广西是陆海交通枢纽，北连湖南与贵州，西连云南和越南，南隔北部湾与海南隔海相望，其优越的地理位置和便利的交通，使广西成为中国对外，尤其是东南亚开放合作的前沿和枢纽，所以广西的文明建设与传扬也被赋予了更加特殊和重要的意义，其中生态文明的建设对促进周边各省和各国一起建设绿色地球行动有极其重要的战略意义。在推进生态建设的过程中，发展林业是自治区政府所确定应重点攻克的关键目标。广西壮族自治区党委、政府也对此给予高度重视，以"生态立区、绿色发展、富民强桂"为指导方针，致力于打造广西生态文明圈。林业是生态文明建设中的关键一环，其对维护生态平衡、提供可持续发展动力、发展绿色经济、构建文明体系有着不可替代的作用。

（二）带动产业多元化发展，刺激经济增长

林业是经济社会可持续发展的重要基础。广西得天独厚的地理位置更使得林业成为其发展中应考虑的重要因素，也是基础因素。

林业促进了广西的产业多元化发展，其中，国有林场在大力发展林浆纸、中（高）密度纤维板、林产化工、园艺等林业优势主营产业的同时，还着力建设相当规模的林业研究基地和投建一批特色林业产业园区；大力发展林下经济，实施立体林业、循环林业、集约林业，已形成林下种植、养殖、旅游、加工四大产业、八大类型等多种模式，在 2015 年时林下经济产值达 700 多亿元；林业固定资产投资（林业口径）累计完成 905 亿元，居全国第一位；林业产业总产值达 4000 多亿元，居全国第三位，年均增长 27.5%；木材产量将约 3000 万立方米，约占全国木材产量的 1/3，居全国第一位。

国有林场作为区域造林绿化建设和森林经营攻坚的生力军，在生态文明建设中发挥着重要作用。近年来，广西国有林场紧紧围绕现代林业改革发展和全区经济社会发展大局，加快转变方式，以培育强基础，以改革开放增活力，以发展产业强实力，以科技兴林强支撑，以制度创新强管理，以加大投入惠民生，实现了科学发展、和谐发展、跨越发展。截至"十二五"期末，全区国有林场经营面积 141.02 万公顷（2115.28 万亩），占全国林场经营面积的 2.5%，占全区林地面积的 8.9%；全区国有林场森林蓄积量达 8000 多万立方米，已占全区森林总蓄积量的 12%，速丰林 1000 多万亩，占全区速丰林的 30%，单位面积森林蓄积量是全区平均水平的 1.5 倍；全区国有林场实现总产值 148.3 亿元，是"十一五"期末的 2.3 倍，占全国国有林场总产值的 24.5%；实现经营收入 54.5 亿元，是"十一五"期末的 1.5 倍，占全国国有林场总经营收入的 24.5%；总资产达到 345 亿元，是"十一五"期末的 1.97 倍，占全国国有林场总资产的 20.5%；经营利润 1.8 亿元，占全国国有林场总经营利润的 64.3%。木材产量达 498 万立方米，占全区木材产量的 1/5，全国木材产量的 1/15；人造板产量达 177 万立方米，销售收入达 22.4 亿元，居全国第一位。松香、栲胶、八角、桂油等林化产品的产量一直保持全国首位；而森林旅游业作为第三产业，现已被逐步培养成新的最大增长点。

国有林场已成为广西深化供给侧结构性改革和生态建设的中坚力量。从国家宏观层面讲，国有林场是森林资源培育的稳定阵地，具有保障木材供给和培育优质木质林产品的经济功能。同时，国有林场在涵养水源、维护生物多样性、防风固沙等方面起到生态屏障的核心作用。国有林场是国家建立的，具有维护国土安全、改善城乡生态环境、促进区域经济发展等社会功能的独立法人资格的事业单位。

（三）激活新动力

截至 2017 年，广西区内林业相关生态链经济产值已增长至 878 亿元，与 2013 年相比，增长了 2 倍。森林旅游方面，广西森林景区等林业旅游点每年接待的游客超过 8600 万人，旅游总消费超过 300 亿元，与 2013 年相比增长了将近 10 倍。广西通过发展林业实现了产业结构的多元化和经济的快速增长。同时，2016 年以来林业直接带动 50 万名以上的贫困人口稳定脱贫，成为全国林业生态扶贫的先进典型。

2017 年，广西区内设立的林业专业合作社数量增至 1500 家，其经营收入达 25.6 亿元。随着投融资平台的不断拓展，已争取并获得了政策性银行授信额度 600 亿元，其中 56.7 亿元国开行贷款资金被投入用于建设国家储备林。每年举办中国—东盟林木展，2016 年中国—东盟林业合作论坛达成了《南宁倡议》。新建重点实验室 8 个，荣获广西科技进步一等奖 4 项，林业科技成果转化率超过 50%。①

（四）林业成为实现广西"两个建成"目标的重要支撑

广西"十三五"期间将围绕"两个建成"宏伟目标，坚持"四大战略"，全面推进"三大攻坚战"，力求把自然生态优势转化为社会发展优势，通过发展生态经济推动全区经济可持续发展，实现社会经济全面发展，优化人民生活环境质量，从而深入推进生态文明建设。广西富饶的森林资源蕴藏着庞大的生态价值和经济价值，其是广西经济、社会和文化的建设和发展的关键推动力和支撑。为实现"两个建成"目标，需要以发展林业为途径，构建绿色生态系统，扩大生态环境的容量，从而优化生态产品的供给质量，促进相关产业链的企业和从业者的收入提高，走出具有广西区域特色的绿色经济、绿色生活、绿色生态的绿色转型发展道路。

（五）林业的发展关系到国家战略安全

近年来，中国为了保护生态环境，很多地区降低了砍伐指标，同时使用其他的绿色新型材料替代了木材。到 2016 年，我国木材产量已下降至 7775.9 万立方

---

① 朱建军，柏思萍，王学斌. 产业投资基金在广西 LY 集团的应用研究［J］. 时代经贸，2018（17）.

米。在木材产量下滑背景下，为满足国内经济的发展和人民生活水平提高的要求，我国每年的木材需求主要依赖于进口。为了鼓励从国外进口木材，从 1998 年起，我国已连续二十年对各个类别木材的进口实行零关税政策，并放宽相关进口权力约束，对经营进口木材的企业，允许其由以前只有木材进口权放宽到拥有进出口权。由于一系列政策刺激，之后我国的木材进口量发生大幅度的增长。2017 年中国进口木材合计首次突破 1 亿立方米，金额达到 200 亿美元，同比增长 23.2%。这些数据充分说明了目前我国木材的对外依赖度较高。

近年来，为了保护森林资源，世界各国越来越多地开始限制原木出口，原木进口压力逐步升高。根据联合国粮农组织统计数据研究表明，2010 年年底世界木材产量折合 50.69 亿立方米（含循环利用部分），木材需求量折合 59.31 亿立方米（含循环利用部分），缺口达 8.62 亿立方米。据国际木材资源公司报告，全球性木材短缺现象至少要延续到 2020 年。即使到 2020 年以后，也还有可能发生地区性木材短缺。根据《世界森林资源与林产品需求长期预测》（国家林业局 2008 年 9 月）报道，联合国欧洲经济委员会（UNECE）2005 年对欧洲森林未来预测，到 2020 年，全世界工业用材消费量增加到 65900 万立方米，与 2000 年相比，增长约 50%，平均每年增长 2.5%。相关专家 2003 年对美国森林未来的预测，林产品消费到 2050 年将增加 40%。预计到 2020 年，欧盟国家对木材的进口量将会增加超过 100%，达到 13800 万立方米。目前，欧洲木材整体处于供不应求的局面，欧洲国家森林木材供给的增长速度远远跟不上木材需求量的增长速度。欧洲森林年木材的产量仅增长 0.5%，而年木材需求的增长却是产量增速的 2 倍多，达到了 1.1%。

与石油一样，假若木材过度依赖进口，便会给国家带来战略安全隐患。而国内在限制天然林采伐，全面推行天然林保护工程后，木材供需端的矛盾将进一步激化。

因此，要想缓解供需矛盾，必须立足国内，加快速生丰产林项目的建设，加强森林资源的培育。广西作为拥有天然的森林资源优势的重要地域，要提高本区各林场的林地生产力，从而切实增强国内木材自给能力，降低进口木材依赖程度。

二、国有林场在广西发展中的重要意义

广西位于中国中南部，是中国南方林区的重要组成部分，其林业的建设与发展一直备受国家的关注。作为林业发展的基层生产单位，林场是林业生产的中坚力量，对林业建设发展有特殊的作用。自自治区成立以来，广西国有林场无论规模还是数量均在逐步发展壮大，已经成为林业发展中的中流砥柱。随着国有林场的发展，其影响力也随之扩大，目前广西已将国有林场设为骨干示范单位和林业重点工程建设示范基地，设立了相应的培育基地、科研基地、教学示范基地和科技成果推广应用基地。

13 家区直林场现有的 720 多万亩森林面积中仅国家级和自治区级公益林面积达 124 万亩，是全区森林资源和公益林的精华，并且还是当地和全区生态的核心主体部分。至 2015 年，广西已在区内 24 家国有林场里设立以大面积人工林或天然林为主体的森林公园，在区内 29 家国有林场里设立了自然生态保护区。

近年来，随着广西林产工业的快速发展，木材消费呈现产销两旺势头，总产值平稳较快增长。2014 年年底，广西木材产量（出材）为 2550 万立方米，人造板产量为 3089 万立方米，木浆产量为 63 万吨。人造板与木浆生产总值达 1121 亿元。若以当前消费量为基数，按人造板与木浆总产值年增长速度 6%、5%、3%、2%，分别预估未来 5 年、10 年、15 年、20 年的木材消耗量，得出结果如表 1 - 3 所示。

表 1 - 3　工业产值与木材消费量一览

单位：亿元、万立方米、%

统计年度	人造板与木浆工业产值	木材消费量	木材供应量	缺口	木材供给率
2007	164	1114	1114	—	100.0
2008	216	1229	1229	—	100.0
2009	271	1350	1350	—	100.0
2010	455	1743	1743	—	100.0
2011	603	2065	2065	—	100.0
2012	810	2100	2100	—	100.0
2013	1050	2480	2480	—	100.0
2014	1121	2550	2550	—	100.0
2015	1196	2650	2650	—	100.0

续表

统计年度	人造板与木浆工业产值	木材消费量	木材供应量	缺口	木材供给率
2016	1271	2955	2955	—	100.0
2017	1346	9050	3050	—	100.0
2020	1572	3577	3100	-477	86.7
2025	2007	4565	3238	-1327	70.1
2030	2326	5292	3442	-1850	65.0
2035	2565	5834	3546	-2288	60.8

注：表中 2020 年度及之后数据为预测数据。

表 1-3 分析结果表明，随着林产工业的发展，木材加工和木浆造纸工业产值的增长，木材消费量将大幅度增加，缺口增大。预测在今后较长一段时期内，木材生产难以满足林产工业发展的需求，供求矛盾突出，难以达到供求平衡。因此，木材产品的市场前景广阔。

五年前，中央一号文件明确提出"加强国家木材战略储备基地建设"，过了两年，中央一号文件又再次提出"建立国家木材储备制度"。这些举措明确表明了建设林业生态文明、打造中国林业经济是国家战略选择，是保护中国特有的优质自然资源、增加绿色生态产品供给的战略举措。培育经营水平的不断提高，林地生产潜力能得到一定释放。

由此可见，加大力度发展林业，增加可利用森林资源总量，对满足新时代中国社会人民日益增长的美好生活需要和社会发展对木材越来越大的需求，具有极为重要的战略意义。作为全国木材战略核心储备基地建设中极重要一环的速丰林建设，给广西人民带来了非常可观的经济收入。

第三节　广西国有林场会计问题研究的重要性

对事业单位而言，会计工作不仅是其在制定政策和计划时的必要依据，还是对其开展活动进行监督和科学管理必不可少的手段。想要更好地提高国有林场的经济效益和社会效益，使之更大更强，就必须让会计工作在国有林场的日常管理中积极发挥有效性，因为财务部门和其他各部门、各业务均有千丝万缕的关系，是经济业务中的核心部门。对于国有林场来说，对会计问题的研究具有十分重要的意义。广西国有林场在不断发展壮大的同时，所面临的会计问题也会越来越复杂，进行良好会计管理的难度也就越来越大。因此，国有林场的会计问题研究十分重要。

一、制度变更频繁对林场会计的改革与管理提出高要求

在过去，国有林场对公益林实施管护的生态效益补偿金是由国家财政给予的停采后资金。但是现今的国有林场核算存在诸多特殊性，因为林场既需要生态公益林来实现其生态保护的功能，又需要可以供市场销售的商品林来完成其生产经营的目标；作为公益性一类、二类事业单位，却又要承担营造林等一系列生产经营任务；在满足刚性需求的同时，还要兼顾生态效益补偿、林木资产、林木资本及营林生产成本等行业核算的特殊性。

2017 年，综合这些因素，结合国有林场（苗圃）特点，财政部印发了《国有林场（苗圃）财务制度》，该制度自 2018 年 1 月 1 日起执行。在新国有林场财务制度刚执行一年时，财政部又在 2018 年针对国有林场和苗圃执行新政府会计制度制定了补充规定，颁布了《关于国有林场和苗圃执行〈政府会计制度——行政事业单位会计科目和报表〉的补充规定》，同时制定了相应衔接规定，并要求自 2019 年 1 月 1 日起施行《政府会计制度——行政事业单位会计科目和报表》（财会〔2017〕25 号）。

从事业单位企业化管理的会计核算方式到国有林场（苗圃）财务制度再到执行政府会计制度，短短几年国有林场会计制度进行了几次较大的转变，林场在不同制度之间转换衔接时，核算就变得很复杂、混乱，随之就会产生相应的会计问题，而若想要实现真正有效率的会计管理，这些问题必须解决。这些无疑对林场会计的改革与管理提出了更高的要求。

二、核算对象种类多提高了管理会计的难度

如今林场经营业务的范围越来越广，种类越来越复杂，涉及不同行业、不同业务类型，可想而知其在会计核算和财务管理方面的复杂性。第一，与在全国各地分布的四千多家国有林场处于类似的情况，长期以来，广西国有林场不仅需要承担培育和保护森林资源的职责，还承担了额外的社会责任，负责管理经营性企业、开办学校、医院等非营利性单位，国有林场虽作为国有事业单位，却实行企业化管理，在过去大多数是自负盈亏。而伴随国有林场承担了过多的社会职能，如水、电、路由林场自行投资；新建、维修公共设施等由林场自行投资；企业办社会等直接导致了核算的混乱。第二，国有林场也有很多特殊的非经营性收支，有些部分不仅核算内容多，界限划分还十分模糊，对于一些生态效益的核算就是如此，如森林提供的干净的空气等。第三，在选择核算方式时林场可以依据自身规模的大小，考虑核算时的方便性，采用集中核算或分散核算。目前，中国国有林场会计的核算方式以集中核算为主，这种方式在减少了核算工作量，减轻了核算人员工作负担的同时，也存在一定的弊端。林场的集中会计核算大多由合并层级的财务部门进行，这时就很有可能出现因为财务部缺乏对于基层林场单位的了解，造成很多核算所依据的标准精确性不够等问题。这些都无疑加大了管理会计上的难度。

三、事业单位企业管理在会计及其管理上的特殊性

F国有林场是广西林业局直属大型国有林场属事业单位性质，需按照政府会计制度管理，而其下属企业则实行企业化管理，公司化经营。它是享受国家相关性扶持的事业单位，同时它也拥有进行生产经营活动的企业，这就需要会计制度可以在这种双重发展模式下进行适应性的转换。

为满足财务会计和预算会计核算的实际需求，产生非营利性经营业务的国有林场在过去实行企业化管理会计制度的过程中，其会计核算往两个不同的方向转变——一方面非营利性经营的上游林场逐步规范会计核算，转型为预算会计方法，另一方面对于进行企业化管理的下游企业，则完全采用企业会计准则核算体系。在这种双边发展的过程中，过去融合政府会计和企业会计特征的旧国有林场（苗圃）财务制度已不再能很好地满足国有林场的核算要求，会计科目混乱的状况就会时常发生，导致其管理和核算难度上升，如一些会计科目对预算会计核算

具有重要意义，但在部分情境下无法有效反映事业单位的真实财务活动和经营状况。并且，企业与事业单位在会计信息质量的谨慎性上强调程度有所不同。前者要求为企业决策提供参考的会计信息必须是完整、客观、真实的，并且强调要依据会计准则对交易过程中计量、确认和会计报告的每个环节保持应有的谨慎态度。但是后者对于谨慎性的要求远远低于前者，致使其会计信息质量低，抗风险能力弱。所以对于国有林场来说，必须制定完善的财务会计制度以确保生产经营和日常工作的正常运行。

四、在税收政策与会计核算上要求更高的协调性

按照现行准则，林场是按照政府会计制度来编制会计报表，但是报税时又要按照企业会计准则调整成企业报表，不同项目，不同税率。全国各地国有林场在大兴生态整治和产业升级，推出立体多元化的以营林为基础的产业体系来进行不断优化发展的同时，也给税务核算工作带来了挑战。现今的国有林场从事着大量的产业化经营项目，而这些项目大小不同，产业层面流转有异，它们不仅要进行规范的会计核算，还要接受税务监管。

然而，税务与会计在核算上和法规制度的要求上都存在差别，加之林场经营中有不少税收政策复杂的产业化经营项目，部分项目或者项目中的部分环节享受税种优惠的需要单独核算其金额以便在纳税时进行优惠，众多经营项目涉及多项税种，包括流转税、个税、企业所得税等，要想厘清其中的税收脉络，从而不造成不必要的资金开支，其会计核算势必要能满足相对应精细、分类明确的要求。因此，这就需要林场在全面、深入、准确理解和掌握税收相关法律及政策的同时，与单位的会计核算做好协调沟通工作，以便设计和优化具有规范性的财务与税务组合核算体系。

五、成本核算的复杂性增加了会计核算的难度

中国的林场大部分位于生态环境比较脆弱的地区或者是一些重点的生态区域，大多在风沙多发的江河两岸、水库附近，加之这些地区都较为偏远、贫穷，使得基础设施的发展十分落后，这些都给成本核算带来了更大的困难。此外，林木的生长周期比较长，占地面积大，投入资金比较多，人工栽植的人工林和天然林易受自然灾害的影响，价值大小和数量大小有不稳定性和不确定性，难以估值入账。

不仅是入账核算和日常盘点难度大，其成本的核算期、核算指标也增加了会计核算和管理的难度。国有林场存在成本核算对象选择多样化、核算期的不统一，以及成本核算繁琐导致的数据滞后性现象，使得森林资源的成本统计口径的不一致，而成本统计口径的差异性进一步导致了营林成本核算结果的不可比、成本信息的不可比，微观层面上不利于林场对成本管理的统筹规划，难以分析导致利润波动的影响因素；宏观层面上不利于国家对林业行业的发展实施支持性政策。

六、对林场财务管理的工作重视程度有待提高

存在部分林场领导在工作中忽视会计和财务工作重要性的现象，并且有关部门无法充分理解财务制度，从而不能很好地支持财务部门工作的开展，这些都无疑增加了林场做好会计核算工作的难度。在此背景下，林场的内部控制制度对缺陷的完善也就存在滞后，在实施的过程中也缺乏应有的严谨性、规范性。现实中，有些林场甚至没有建立起相应的内部控制制度，或是工作人员对制度重视程度不足，甚至视若无睹。存在只重项目不重核算，会计核算基础普遍较差，由于会计核算是进行财务决策的数据基础，因此财务管理如同空中楼阁，也存在不少问题。

第二章　新旧会计准则制度转换与衔接

第一节　新政府会计准则的实施与意义

一、新政府会计准则的实施

(一) 实施内容

新政府会计准则制度包括以下内容:

(1)《政府会计准则——基本准则》。

(2)《政府会计准则第 1 号——存货》、《政府会计准则第 2 号——投资》、《政府会计准则第 3 号——固定资产》、《政府会计准则第 4 号——无形资产》、《政府会计准则第 5 号——公共基础设施》、《政府会计准则第 6 号——政府储备物资》等政府会计具体准则。

(3)《〈政府会计准则第 3 号——固定资产〉应用指南》等准则应用指南。

(4)《政府会计制度——行政事业单位会计科目和报表》。

(5) 医院、基层医疗卫生机构、国有林场、中小学校、科学事业单位、彩票机构、国有林场和苗圃等行业事业单位执行《政府会计制度——行政事业单位会计科目和报表》的补充规定。

（6）行政单位、事业单位和医院、基层医疗卫生机构、国有林场、中小学校、科学事业单位、彩票机构、国有林场和苗圃、地质勘查事业单位、测绘事业单位等行业事业单位执行《政府会计制度——行政事业单位会计科目和报表》的衔接规定。

（7）财政部制定的关于政府会计准则制度的其他规定。

（二）实施时间和范围

新政府会计准则制度包括以下内容：

自 2019 年 1 月 1 日起，政府会计准则制度在全国各级各类行政事业单位全面施行。执行政府会计准则制度的单位，不再执行《事业单位会计准则》、《行政单位会计制度》（财库［2013］218 号）、《事业单位会计制度》（财会［2012］22 号）、《医院会计制度》（财会［2010］27 号）、《基层医疗卫生机构会计制度》（财会［2010］26 号）、《国有林场会计制度》（财会［2013］30 号）、《中小学校会计制度》（财会［2013］28 号）、《科学事业单位会计制度》（财会［2013］29 号）、《彩票机构会计制度》（财会［2013］23 号）、《地质勘查单位会计制度》（财会字［1996］15 号）、《测绘事业单位会计制度》（财会字［1999］1 号）、《国有林场与苗圃会计制度（暂行)》（财农字［1994］第 371 号）、《国有建设单位会计制度》（财会字［1995］45 号）等制度。

军队、已纳入企业财务管理体系执行企业会计准则或小企业会计准则的事业单位和执行《民间非营利组织会计制度》的社会团体，不执行政府会计准则制度。①

（三）主要创新点

1. 创新“平行记账”核算方法

政府和事业单位的会计核算中，使用财务会计核算与预算会计核算并行的方式，称为平行记账。也就是说，在预算管理下的现金收付，需要财务会计核算和预算会计核算并行；而除预算管理下的现金收付之外的其他业务，可以只进行财务会计核算。

---

① 财政部关于贯彻实施政府会计准则制度的通知［R］.2018.

为了清晰明了地全方位展示核算单位的财务状况和预算执行情况，改革后的政府会计制度要求各单位在会计核算过程中兼顾财务会计和预算会计两种功能，同时也要求财务会计和预算会计两种核算方式之间既要相互区分也要相互衔接。核算单位运用两种会计基础进行核算，财务会计的核算使用权责发生制，而预算管理方面使用收付实现制。新政府会计制度在清晰地划分了"平行记账"的记账方式下，不同的会计核算应使用的会计基础；在制度的附录中附有一张表格，该表格阐明了主要的经济业务中，某个具体的业务应如何进行财务会计核算和预算会计核算。此举意在让政府和事业单位的会计人员更快速地掌握"平行记账"的账务处理方式。

政府会计的"平行记账"方式丰富了会计核算所呈现出的会计信息，使权责发生制和收付实现制两种会计基础得以并存，在核算中能两者兼顾起到穿针引线的作用。同时，使用"平行记账"的账务处理的方式，能将会计核算的各个要素相整合，同时又能反映出核算单位的财务状况和预算执行情况。

2. 确立"3＋5 会计要素"核算模式

为顺利实施"平行记账"的会计核算方法，新政府会计制度对各个会计要素重新做出了规定，也就是"3＋5 会计要素"核算。其中，"3"指的是 3 个预算会计要素，包括预算收入、预算支出、预算结余。这样的改变体现着政府对各级行政机关、事业单位需要对预算收入、预算支出和预算结余做出核算的要求。"5"包含的是 5 个财务会计要素，包括资产、负债、净资产、收入和费用。新政府会计制度中，将财务会计要素中的"费用"替换了原本使用的"支出"要素。新政府会计制度还要求各级单位在取得主要业务收入的同时，还应当考虑到日常活动所产生的经济利益流入情况，以及单位资产的保值与增值问题。

3. 将各事业单位会计制度进行了统筹规划

中国原使用《事业单位会计制度》、《行政单位会计制度》，其他诸如医院、国有林场（苗圃）、中小学校、高校、地勘测绘等事业单位，还有本单位适用的会计制度。而新政府会计制度则是将这些部门不同的会计制度整合起来，取其共性，提高效率。新政府会计制度在科目设置和报表、核算内容、会计政策方面都做出了调整。科目设置和报表方面，对行政和事业不做区分，不同行业的事业单位之间也不再做区分。在核算内容方面，普遍共有的业务和事项按照现行的核算方式基本保留下来，而各个不同行业的事业单位共性的事项和业务则酌情增加。在会计政策方面，同样类型的业务，要求尽可能做出相同的会计处理。新政府会计对不同行业、不同机构繁杂的会计核算方式做了统一，使得不同行业的财务状况和预算执行情况可以互相对照，增强了会计信息的可比性，也提升了上一级机构的管理效率。同时为合并单位、部门的财务报表，和汇总编制部门决算奠定了基础。

4. 优化了报表体系和结构

新政府会计制度的"平行记账"账务处理方法同时也产生了"双报表"，即预算会计报表和财务报表。各政府机关和事业单位在编制财务报表的同时，也要编制预算会计报表。新政府会计制度的规定中要求单位编制的财务报表是以权责发生制为基础，数据取自财务会计核算所形成的结果；按照单位进行的以收付实现制为基础的预算会计核算生成的数据为基础，形成预算会计报表。

新政府会计制度准则中规定单位需要编制会计报表和附注。其中会计报表由资产负债表、收入费用表、现金流量表和净资产变动表构成。其中，现金流量表各单位可以根据自身的具体情况进行编制。"双报表"还要求单位提供预算会计报表，包括收入支出表、预算结余变动表和财政拨款预算收入表。与此同时，新政府会计制度也按照核算方式的改变，对报表结构进行了调整，报表附注需要披露的内容做出了详细的说明；提供了参考格式以便对会计报表重要项目进行说明、要求单位按照经济类型分别披露费用信息、要求披露本年预算结余和本年盈余差异的调节过程。新政府会计要求所披露的资产负债表需采用账户式的结构，呈现各单位特定时点的财务状况；收入费用表采用单步式结构，用以反映单位一定时期内的经营成果；净资产变动表使用棋盘式的结构，体现的是核算单位一定时期内净资产的增减变动情况。除了资产负债表和收入费用表可以按月编制之外，单位财务报表的预算会计报表至少要按年度编制真实、完整的报表。

5. 取消基建会计

在现行的事业单位会计制度下，各单位在进行基本建设时要同时遵循单位相关的会计制度和国家有关基建会计制度对基本建设投资进行核算。在旧制度下，要单独建立专门的账簿对基本建设进行核算，在期末的时候才将其有关的数据合并到核算单位的"大账"里。新政府会计制度以《基本建设财务规则》为基础，参照其中的有关规定，同时吸收了《国有建设单位会计制度》中的合理要求，把对基建会计另外核算期末再并入"大账"的要求取消了，将基建会计视为行政事业单位的一般业务活动，统一核算。这样的规定大大简化了基建业务的核算流程，有利于提高会计信息的完整性。

6. 准确反映了债权价值

新政府会计制度还设置了"坏账准备"这一会计科目，是"应收账款"科目的备抵科目。新政府会计制度增加"坏账准备"这一科目意义深远，事业单位如果存在因业务活动而产生的应收账款和其他应收款，并且不需要上缴财政的可以在该科目下核算。这意味着，各政府机关和行政事业单位不需要上缴国家财政的，由业务活动而产生的其他应收款和应收账款，都要按照规定的方法，计提坏账准备。在新制度的规定中事业单位对其他应收款和应收账款计提坏账准备时应从应收款项余额百分比法、个别认定法、账龄分析法中选择其一，并且一经选定，不得随意变更。一是事业单位适用备抵法来核算坏账，提高了债权类会计的信息质量，使得事业单位在坏账产生时，不直接冲销坏账增加支出项目。二是先冲销"坏账准备"账户，年末再调整"坏账准备"账户和"其他费用"账户，即借记"其他费用"账户，贷记"坏账准备账户"，或者借记"坏账准备"，贷记"其他费用"。

7. 详细核算跨期摊配费用

"平行记账"要求各个单位在设置财务会计核算的同时，还要采用预算会计核算。以权责发生制作为财务会计核算的会计基础，设置与之相对应的会计科目，对跨期摊配费用进行详细的核算。具体表现在以下三个方面：

（1）新制度下设置了《企业会计准则》和《小企业会计准则》，其中已经废弃了的两个会计科目，分别是"待摊费用"和"预提费用"。两个科目用来核算行政事业单位已经支付的，但需要在 1 年内（含 1 年）由本期和以后各期分别负担的各项费用，比如预先支付的租金费用。也用于核算预先提取的已经发生但是尚未支付的费用，如预提租金费用。这样的核算易于确定费用发生的归属期间，提高会计信息质量。

（2）新的政府会计制度设立了"预计负债"的会计科目，核算单位因或有事项的发生而产生的现时义务，满足会计的谨慎性原则，例如，对未决诉讼等事项确认的负债。同时，新制度明确单位在权责发生制的基础上确认费用的发生，降低资产的入账价值，准确核算业务活动所产生的成本费用。

（3）新政府会计制度还设置了"长期待摊费用"会计科目，在该科目下，核算的是已经发生的，但是应在本期和以后各期间分摊的 1 年以上（不含 1 年）的各项费用支出，如对经营租赁的固定资产进行改良时产生的支出。该科目的设置，有利于划分费用支出按照权责发生制的会计基础应该归属的期间，尤其是本年度与非本年度的费用归属期间，提高了会计信息质量，同时也满足了持续经营和会计分期的会计假设。

8. 细化了资产（尤其是长期资产）项目

随着政府会计改革的进一步深入，会计主体的资产种类繁多，为便于资产的核算和管理，在新制度中资产按照用途的不同和管理需要，进行总分类核算。在行政事业单位中，用于办公和业务活动所需的建筑场所，在"固定资产"科目下核算；单位中的公共基础设施，在"公共基础设施"科目下核算；部分事业单位还为员工提供保障性住房，因此也设置了"保障性住房"会计科目来便于分类核算。按照分类核算的要求，不同类别的资产要在从属的科目中摊销，因此新制度相应地设立了"固定资产累计折旧"、"公共基础设施累计折旧（摊销）"、"保障性住房累计折旧"等长期资产的备抵调整科目。该处理同时反映了长期资产的原值、该资产的账面价值，有助于会计信息质量的提升。

二、新政府会计准则实施对国有林场的意义

（一）深化改革，促进发展

国有林场是国家为加快森林资源培育、保护和改善生态环境，在无林少林、集中连片地区建立的以造林为主的林业基层事业单位。在重视生态建设的 21 世

纪，林业发展战略的实施要以生态建设为重要着力点推进国有林场改革。广西国有林场坚持"产业发展生态化、生态发展产业化"的工作思路，对经营管理机制进行大刀阔斧的改革，同时对产业链实施升级转型，牢牢把握森林资源培育不动摇的思想，依托企业的现有资源，结合当地林场发展具有地方特色的森林旅游、生态经济等环保型的生态产业，力求提升企业的经营效率，实现企业的生态价值、经济价值化和社会价值化，努力构建一个"森林优质高效、生态经济协调、资源持续经营、林场富裕和谐"的国有林场。根据企业的战略目标，广西国有林场近几年主要通过改善林场和森林的环境，加大力度培育优质的森林资源，同时也在各个方面提升产业效能，目前已取得较大的进步。

然而，在改革推进过程中，仍存在生态环境恶化、森林质量整体不高、科技创新低、产业转型压力大等问题。新政府会计准则制度的制定与实施，可以加快推进国有林场改革，促进国有林场科学发展。只有建立有利于保护和发展森林资源、有利于改善生态和民生、有利于增强林业发展活力的国有林场新财务会计体制，才能为维护国家生态安全、保护生物多样性、建设生态文明做出更大贡献。

（二）满足会计核算需要

新政府会计准则完善了新形势下林场财会管理制度。国有林场过去执行的是事业单位企业化管理的会计核算方式，停采后资金主要是由国家财政注入，对公益林实施管护的生态效益补偿金。考虑到国有林场既有涉及生态保护等功能定位的生态公益林，也有用于生产经营供市场销售的商品林；既定性为公益性一类、二类事业单位，同时又承担营造林、苗木和抚育采伐生产等生产经营任务；既要考虑刚性需求，同时还要考虑生态效益补偿、林木资产、林木资本及营林生产成本等地方林业核算的特殊性；国有林场苗圃会计核算的内容既有预算资金，也有生产经营资金。

第二节 新旧会计制度的转换与衔接的要点

一、新旧会计制度科目对比

表2-1 林场新旧会计制度转账、登记新账科目对照

序号	新制度科目		原制度科目	
	编号	名称	编号	名称
一、资产类				
1	1001	库存现金	101	现金
2	1001	库存现金	1001	库存现金
3	1002	银行存款	1002	银行存款
4	1021	其他货币资金	1004	其他货币资金
5	1101	短期投资	1101	短期投资
6	1201	财政返还额度	1201	财政应返还额度
7	1211	应收票据	1211	应收票据
8	1212	应收账款	1212	应收账款
9	1214	预付账款	1213	预付账款
10	1215	应收股利	1215	其他应收款
11	1218	其他应收款		
12	1219	坏账准备	1221	坏账准备
13	1301	在途物品	1301	库存物资
14	1302	库存物品		
15	1301	在途物品	121	在途材料
16	1302	库存物品	123	材料
17			129	低值易耗品
18			137	产成品
19			138	分期收款发出商品
20	1303	加工物品	132	委托加工材料
21	1841	林木资产	1303	苗木资产

续表

序号	新制度科目		原制度科目	
	编号	名称	编号	名称
22	1401	待摊费用	139	待摊费用
23	1501	长期股权投资	1501	长期投资
24	1502	长期债券投资		
25	1216	应收利息		
26	1501	长期股权投资		拨付所属资金
27	3001	累计盈余（借方）		
28	1601	固定资产	151	固定资产
29	1701	无形资产		
30	1602	固定资产累计折旧	155	累计折旧
31	1902	待处理财产损溢	156	固定资产清理
32	1611	工程物资	159	在建工程
33	1613	在建工程		
34	1214	预付账款		
35	1901	长期待摊费用	171	递延资产
36	1701	无形资产	161	无形资产
37	1702	无形资产累计摊销	1802	累计摊销
38	1902	待处理财产损溢	181	待处理财产损溢
39	1841	林木资产	191	林木资产

二、负债类

40	2001	短期借款	2001	短期借款
41	2103	应缴财政款	2101	应缴款项
42	2301	应付票据	2201	应付票据
43	2302	应付账款	2202	应付账款
44	2305	预收账款		
45	3001	累计盈余	206	专项应付款
46			207	拨入事业费
47	3101	专用基金	208	育林基金
48	2201	应付职工薪酬	2204	应付职工薪酬
49	2201	应付职工薪酬	211	应付工资
50	3001	累计盈余	214	应付福利费
51	3101	专用基金		

续表

序号	新制度科目		原制度科目	
	编号	名称	编号	名称
52	2307	其他应付款	2207	其他应付款
53	2201	应付职工薪酬		
54	2901	受托代理负债		
55	2101	应交增值税	2206	应交税金
56	2102	其他应交税费		
57	2304	应付利息	2209	预提费用
58	2401	预提费用		
59	2103	应缴财政款	222	其他应交款
60	2102	其他应交税费		
61	2307	其他应付款		
62	2501	长期借款	2301	长期借款
63	2304	应付利息		
64	2502	长期应付款	2241	住房周转金
三、净资产类				
65	3001	累计盈余	3001	事业基金
66	3101	专用基金	3101	专用基金
67	3001	累计盈余	302	林木资本
68			3401	财政补助结转（余）
69	3001	累计盈余	301	实收资本
70			311	资本公积
71			313	盈余公积
72			322	利润分配
73				上级拨入资金
	3001	累计盈余		
四、成本类				
74	1614	营林工程	401	生产成本
75	1302	库存物品		
76	1303	加工物品		

表 2-2　林场原"大账"与基建账会计科目对照

"大账"会计科目		基建账会计科目	
编号	名称	编号	名称
一、资产类			
1001	库存现金	233	现金
1002	银行存款	232	银行存款
1003	零余额账户用款额度	234	零余额账户用款额度
1201	财政应返还额度	235	财政应返还额度
1101	短期投资	281	有价证券
1501	长期投资		
1212	应收账款	251	应收有偿调出器材及工程款
1211	应收票据	253	应收票据
1215	其他应收款	252	其他应收款
		261	拨付所属投资借款
151	固定资产	201	固定资产
155	累计折旧	202	累计折旧
159	在建工程	101	建筑安装工程投资
		102	设备投资
		103	待摊投资
		104	其他投资
		211	器材采购
		212	采购保管费
		213	库存设备
		214	库存材料
		218	材料成本差异
		219	委托加工器材
编号	名称	编号	名称
1213	预付账款	241	预付备料款
		242	预付工程款
156	固定资产清理	203	固定资产清理
181	待处理财产损溢	271	待处理财产损失
二、负债类			
2101	应缴款项	362	应交基建包干节余（应交财政部分）
		363	应交基建收入（应交财政部分）
		364	其他应交款（应交财政部分）

续表

"大账"会计科目		基建账会计科目	
编号	名称	编号	名称
221	应交税金	361	应交税金
211	应付工资	341	应付工资
214	应付福利费	342	应付福利费
2202	应付账款	331	应付器材款
		332	应付工程款（1年以内[注1]偿还的）
		351	应付有偿调入器材及工程款
2201	应付票据	353	应付票据
2207	其他应付款	352	其他应付款
		362	应交基建包干节余（非应交财政部分）
		363	应交基建收入（非应交财政部分）
		364	其他应交款（非应交财政部分）
222	其他应交款［未设"应缴款项"科目的］	362	应交基建包干节余
		363	应交基建收入
		364	其他应交款
261	长期应付款	332	应付工程款（超过1年[注2]偿还的）
2001	短期借款	304	基建投资借款（1年以内偿还）
		305	上级拨入投资借款（1年以内偿还）
		306	其他借款（1年以内偿还）
241	长期借款	304	基建投资借款（1年以上偿还）
		305	上级拨入投资借款（1年以上偿还）
		306	其他借款（1年以上偿还）
三、净资产类			
3401	财政补助结转（余）	301	基建拨款（余额中属于同级财政拨款的剩余资金）
		401	留成收入（属于同级财政拨款形成的部分）
206	专项应付款	301	基建拨款（余额中属于非同级财政拨款的剩余资金）
		401	留成收入（属于非同级财政拨款形成的部分）

注1：含1年，以下同。

注2：不含1年，以下同。

二、重要科目对比——林木资产

（一）内容对比

表 2-3　新旧会计制度对林木资产的定义与明细科目对比

	新《政府会计制度》关于国有林场和苗圃执行《政府会计制度——行政事业单位会计科目和报表》的补充规定	《国有林场（苗圃）财务制度》[2017]	《国有林场与苗圃会计制度（暂行）》[1994]
适用制度			
范围	核算林场营造管理的各种活立木资产和苗木资产的累计成本	林场拥有或控制的能够用货币计量的林木类生物资产，是营林生产活动发生的各种耗费所形成的活立木资产的账面价值	在核算当年营林生产作业成本的基础上，把林木的累计成本作为"林木资产"的账面价值。核算林木资产的累计成本，包括人工林的造抚成本（造林、抚育、次生林改造、管护费用、森林管护、营林设施、良种试验、调查设计）和天然林按人工林成本估价值。 经济林达到正式投产可以采收林产品后，继续发生的管护费用，应作为当年林产品的生产成本，不在本科目核算
明细科目	本科目设置"苗木"和"林木"两个明细科目，在"林木"明细科目下，按"消耗性林木资产""生产性林木资产""公益性林木资产"设置明细科目	按照林木的用途分为消耗性林木资产、生产性林木资产和公益性林木资产三大类管理。 1. 消耗性林木资产是指为出售而持有的或在将来能够收获为木材的林木类生物资产，包括用材林、竹林等。 2. 生产性林木资产是指为产出林产品或出租等目的而持有的林木类生物资产，包括经济林、薪炭林等。 3. 公益性林木资产是指以防护、环境保护为主要目的的林木类生物资产，包括防风固沙林、水土保持林和水源涵养林等	用材林、薪炭林、防护林、特种用途林，按林种区分造抚成本、管护费用设置明细科目。经济林按树种、林龄设置明细科目

(二) 核算对比

表 2-4 新旧会计制度对林木资产的核算对比

适用制度	新《政府会计制度》关于国有林场和苗圃执行《政府会计制度——行政事业单位会计科目和报表》的补充规定	《国有林场（苗圃）财务制度》[2017]	《国有林场与苗圃会计制度（暂行)》[1994]
核算方法	1. 林木资产取得时，应当按照其取得时的成本入账 (1) 自行营造形成的林木，期末按照该林木达到营林工程竣工标准发生的育苗、造林、抚育、管护成本，结转营林生产成本，借记本科目，贷记"营林工程"科目。 (2) 无偿调入的林木，按照该林木资产在调出方的账面价值加相关费用，借记本科目，按照发生的归属于调入方的相关费用，贷记"银行存款"等科目，按照其差额，贷记"无偿调拨净资产"科目。 (3) 购入或有偿调入的林木，按照购入或有偿调入的成本，借记本科目，贷记"财政拨款收入""零余额账户用款额度""银行存款"等科目 2. 按规定采伐林木、自主出售成品苗木或造林时，应当减少相应林木资产的账面余额 (1) 更新采伐公益性林木资产时，按照被采伐林木的林木资产账面余额，借记"业务活动费用""库存物品"等科目，贷记本科目。 (2) 采伐消耗性林木资产时，按照被采伐林木的林木资产账面余额，借记"业务活动费用""经营费用""库存物品"等科目，贷记本科目。 (3) 自主出售成品苗木或造林时，按照该苗木的林木资产账面余额，借记"经营费用"等科目 [出售] 或"营林工程"科目 [造林]，贷记本科目。 3. 生产性林木资产的账面余额，应当在林产品采伐期限内逐期摊入林产品的成本，各期摊销时，借记"加工物品——林产品生产成本"科目，贷记本科目。 4. 按规定报经批准处置林木资产，应当分别以下情况处理： (1) 报经批准有偿转让林木资产（不含可自主出售的林木资产）时，按照被转让林木资产的账面余额，借记"资产处置费用"科目，贷记本科目。同时，按照收到的价款，借记"银行存款"等科目，	1. 对于消耗性林木资产在收获或出售时，应当按照其账面价值结转成本，成本结转的方法包括加权平均法、个别计价法、蓄积量比例法、轮伐期年限法等。 2. 对于生产性林木资产收获林产品时，应将其之前所发生的生产耗费根据生产性林木资产的使用寿命（不考虑预计净残值），选用一定的折旧方法并根据用途分别计入相关林产品成本。生产性林木资产收获的林产品成本，按照产出或采收过程中所发生的材料费、人工费和应分摊的间接费用等必要支出计算确定，并采用加权平均法、个别计价法、蓄积量比例法等方法，将其账面价值结转为林产品成本。 3. 公益性林木资产价值管理可参照消	1. 年度终了，根据当年全部营林成本计算出各林木资产的成本，借记本科目，贷记"营林成本"科目；同时，将用于营林生产的育林基金（扣除木竹生产、林副产品生产所耗林木培育成本）、专项拨款、事业费拨款转作林木资本，借记"育林基金""专项应付款""拨入事业费"科目，贷记"林木资本"科目，将用于营林生产的利润转作盈余公积，借记"利润分配"科目，贷记"盈余公积"科目。 2. 以前年度未入账的人工林和天然林，应根据近三年单位造抚成本、年公顷管护费、造林面积保存率、林龄等资料测算出累计成本，估价入账，借记本科目，贷记"林木资本"科目。 3. 有偿划入的林木，按实际支出，借记本科目，贷记"银行存款"等科目；同时，将用于支付林价款的育林基金，借记"育林基金"科目，贷记"林木资本"科目。 4. 成本核算 (1) 按"制造成本法"计

续表

适用制度	新《政府会计制度》关于国有林场和苗圃执行《政府会计制度——行政事业单位会计科目和报表》的补充规定	《国有林场（苗圃）财务制度》[2017]	《国有林场与苗圃会计制度（暂行）》[1994]
核算方法	按照处置过程中发生的相关费用，贷记"银行存款"等科目，按照收到的价款扣除相关费用后的差额，贷记"应缴财政款"科目；如果按照有关规定将林木资产转让净收入纳入本单位预算管理的，应当按照收到的价款扣除相关费用后的差额，贷记"其他收入"科目。 报经批准有偿转让林木的林地使用权，其林地附着的林木资产的账面余额及处置收入和费用，按照有偿转让林木资产进行账务处理。 （2）报经批准无偿调出林木资产时，按照调出林木资产的账面余额，借记"无偿调拨净资产"科目，贷记本科目。同时，按照无偿调出过程中发生的归属于调出方的相关费用，借记"资产处置费用"科目，贷记"银行存款"等科目。 （3）报经批准用林木资产投资时，参照新制度中关于置换换入相关资产的规定进行账务处理。 （4）因遭受自然灾害等致使林木资产发生损毁时，应当将被损毁林木资产的账面余额转入待处理财产损溢。结转时，借记"待处理财产损溢"科目，贷记本科目	耗性或生产性林木资产价值管理。 4. 对未入账的天然林，按照天然林管理要求加强管理和核算，并设置备查账反映其面积、蓄积量等。 5. 对未入账的人工林，如有确凿证据表明其公允价值能够持续可靠取得的，应当采用公允价值入账；如难以获取其公允价值的，采用重置成本法评估入账	算累计成本。其成本范围包括造林、抚育和管护费用，不包括场部管理费用和财务费用。 （2）经济林木的累计培育成本，应在林副产品采收期限内，逐期摊入林副产品的成本，各期结转时，借记"生产成本——林副产品生产成本"科目，贷记本科目。其培育成本应在林副产品采收期内摊销完毕。 （3）采伐用材林、防护林林木时，应按一定方法计算出被采伐林木的培育成本，转作木材生产的直接材料费，借记"生产成本——木材产品成本"科目，贷记本科目

三、重要科目对比——固定资产

（一）内容对比

表2-5 新旧会计制度对固定资产的定义对比

适用制度	新《政府会计制度》[2018]	《国有林场（苗圃）财务制度》[2017]	《国有林场与苗圃会计制度（暂行）》[1994]
定义范围	固定资产是指政府会计主体为满足自身开展业务活动或其他活动需要而控制的，使用年限超过1年（不含1年）、单位价值在规定标准以上，并在使用过程中基本保持原有物质状态的资产	固定资产是指单位价值在1000元及以上（其中：专用设备单位价值在1500元及以上），使用期限在1年以上（不含1年），并在使用过程中基本保持原有物质形态的资产	固定资产是指使用期限在一年以上的房屋、建筑物、机器设备、运输设备、工具、器具、役畜等。不属于生产经营主要设备的物品，单位价值在2000元以上，并且使用期限超过两年的，也应作为固定资产

（二）核算对比

表 2 - 6　新旧会计制度对固定资产的核算对比

适用制度	新《政府会计制度》[2018]	《政府会计准则第 3 号——固定资产》[2016]	《国有林场与苗圃会计制度（暂行）》[1994]
取得计量	政府会计主体自行建造的固定资产，其成本包括该项资产至交付使用前所发生的全部必要支出	政府会计主体自行建造的固定资产，其成本包括该项资产至交付使用前所发生的全部必要支出	自行建造的，按照建造过程中实际发生的全部支出计价
	在原有固定资产基础上进行改建、扩建、修缮后的固定资产，其成本按照原固定资产账面价值加上改建、扩建、修缮发生的支出，再扣除固定资产被替换部分的账面价值后的金额确定	在原有固定资产基础上进行改建、扩建、修缮后的固定资产，其成本按照原固定资产账面价值加上改建、扩建、修缮发生的支出，再扣除固定资产被替换部分的账面价值后的金额确定	在原有固定资产基础上进行改扩建的，按照固定资产的原价，加上改扩建发生的支出，减去改扩建过程中发生的固定资产变价收入后的余额计价
	政府会计主体接受捐赠的固定资产，其成本按照有关凭据注明的金额加上相关税费、运输费等确定；没有相关凭据可供取得，但按规定经过资产评估的，其成本按照评估价值加上相关税费、运输费等确定；没有相关凭据可供取得，也未经资产评估，其成本比照同类或类似资产的市场价格加上相关税费、运输费等确定；没有相关凭据且未经资产评估、同类或类似资产的市场价格也无法可靠取得的，按照名义金额入账，相关税费、运输费等计入当期费用	政府会计主体接受捐赠的固定资产，其成本按照有关凭据注明的金额加上相关税费、运输费等确定；没有相关凭据可供取得，但按规定经过资产评估的，其成本按照评估价值加上相关税费、运输费等确定；没有相关凭据可供取得，也未经资产评估，其成本比照同类或类似资产的市场价格加上相关税费、运输费等确定；没有相关凭据且未经资产评估、同类或类似资产的市场价格也无法可靠取得的，按照名义金额入账，相关税费、运输费等计入当期费用	接受捐赠的，按照发票账单所列金额加上应负担的运输费、保险费、安装调试费等计价。无发票账单的，按照同类设备的市价计价
不计提折旧的范围	文物和陈列品；动植物；图书、档案；单独计价入账的土地；以名义金额计量的固定资产	文物和陈列品；动植物；图书、档案；单独计价入账的土地；以名义金额计量的固定资产	公路；码头；未使用及不需用的机器设备、工具、器具；以经营租赁方式租入的固定资产；已提足折旧继续使用的固定资产

续表

适用制度	新《政府会计制度》[2018]	《政府会计准则第3号——固定资产》[2016]	《国有林场与苗圃会计制度（暂行)》[1994]
计提折旧时点	固定资产应当按月计提折旧，并根据用途计入当期费用或者相关资产成本。当月增加的固定资产，当月开始计提折旧；当月减少的固定资产，当月不再计提折旧	固定资产应当按月计提折旧，并根据用途计入当期费用或者相关资产成本	固定资产折旧应按月计提，固定资产从投入使用月份次月起，计提折旧，减少或停用的固定资产下月起停止计提折旧。提前报废的固定资产，其净损失计入营业外支出，不得补提折旧

注：因国有林场（苗圃）财务制度[2017]无具体固定资产核算规定，故以《政府会计准则第3号——固定资产》[2016]为准。

四、重要科目对比——应收及预付款

表2-7　新旧会计制度对应收及预付款的核算对比

适用制度	新《政府会计制度》[2018]	《国有林场（苗圃）财务制度》[2017]	《国有林场与苗圃会计制度（暂行)》[1994]
坏账准备	年度终了，可采用余额百分比法、账龄分析法、个别认定法等方法计提坏账准备。坏账准备计提方法一经确定，不得随意变更。如需变更，应当按照规定报经批准，并在财务报表附注中予以说明	年度终了，可采用余额百分比法、账龄分析法、个别认定法等方法计提坏账准备	场圃可以在年度终了，按照年末应收账款余额的1%计提坏账准备金计入管理费用
	对于账龄超过规定年限并确认无法收回的应收账款、其他应收款，应当按照有关规定报经批准后，按照无法收回的金额进行核销，并在备查簿中保留登记	逾期3年或以上、有确凿证据表明确实无法收回的应收账款，按规定报经批准后予以核销，并在备查簿中登记	场圃发生的坏账损失，冲减坏账准备金。收回已确定核销的坏账，增加坏账准备金。不计提坏账准备金的场圃，发生的坏账损失直接计入管理费用。收回已经核销的坏账，冲减管理费用

五、重要科目对比——存货

(一) 内容对比

表2-8 新旧会计制度对存货的定义对比

适用制度	新《政府会计制度》[2018]	《政府会计准则第1号——存货》[2016]	《国有林场与苗圃会计制度(暂行)》[1994]
定义范围	存货是指在开展业务活动及其他活动中为耗用或出售而储存的资产,如材料、产品、包装物和低值易耗品等,以及未达到固定资产标准的用具、装具、动植物等	存货是指在开展业务活动及其他活动中为耗用或出售而储存的资产,如材料、产品、包装物和低值易耗品、采伐后验收入库的木材等,以及未达到固定资产标准的用具、装具等	存货包括各种原材料、低值易耗品、在产品、产成品、商品等

(二) 核算对比

表2-9 新旧会计制度对存货的核算对比

适用制度	新《政府会计制度》[2018]	《政府会计准则第1号——存货》[2016]	《国有林场与苗圃会计制度(暂行)》[1994]
入账计价	购入的存货,其成本包括购买价款、相关税费、运输费、装卸费、保险费以及使得存货达到目前场所和状态所发生的归属于存货成本的其他支出	购入的存货,其成本包括购买价款、相关税费、运输费、装卸费、保险费以及使得存货达到目前场所和状态所发生的归属于存货成本的其他支出	购入的,按照买价加运输费、装卸费、保险费、途中合理损耗、入库前的加工、管理及挑选费用和应计税金等计价
	自行加工的存货,其成本包括耗用的直接材料费用、发生的直接人工费用和按照一定方法分配的与存货加工有关的间接费用	自行加工的存货,其成本包括耗用的直接材料费用、发生的直接人工费用和按照一定方法分配的与存货加工有关的间接费用	自制的材料、自产的在产品、产成品按制造生产过程中的各项实际支出计价
	委托加工的存货,其成本包括委托加工前存货成本、委托加工的成本以及使存货达到目前场所和状态所发生的归属于存货成本的其他支出	委托加工的存货,其成本包括委托加工前存货成本、委托加工的成本以及使存货达到目前场所和状态所发生的归属于存货成本的其他支出	委托外单位加工的,按照实际耗用的原材料或半成品加运输费、装卸费、保险费、加工费和应计税金等计价

续表

适用制度	新《政府会计制度》[2018]	《政府会计准则第1号——存货》[2016]	《国有林场与苗圃会计制度（暂行)》[1994]
入账计价	接受捐赠的存货，其成本按照有关凭据注明的金额加上相关税费、运输费等确定；没有相关凭据可供取得，但按规定经过资产评估的，其成本按照评估价值加上相关税费、运输费等确定；没有相关凭据可供取得，也未经资产评估的，其成本比照同类或类似资产的市场价格加上相关税费、运输费等确定；没有相关凭据且未经资产评估、同类或类似资产的市场价格也无法可靠取得的，按照名义金额入账，相关税费、运输费等计入当期费用	接受捐赠的存货，其成本按照有关凭据注明的金额加上相关税费、运输费等确定；没有相关凭据可供取得，但按规定经过资产评估的，其成本按照评估价值加上相关税费、运输费等确定；没有相关凭据可供取得，也未经资产评估的，其成本比照同类或类似资产的市场价格加上相关税费、运输费等确定；没有相关凭据且未经资产评估、同类或类似资产的市场价格也无法可靠取得的，按照名义金额入账，相关税费、运输费等计入当期费用	接受捐赠的，按照发票账单所列金额加应负担的运输费、保险费、缴纳的税金（不含增值税）等计价。无发票账单的，按照同类存货的市价计价
盘盈	盘盈的存货，按规定经过资产评估的，其成本按照评估价值确定；未经资产评估的，其成本按照重置成本确定	盘盈的存货，按规定经过资产评估的，其成本按照评估价值确定；未经资产评估的，其成本按照重置成本确定	盘盈的，按照同类存货的实际成本计价

注：因国有林场（苗圃）财务制度［2017］无具体存货核算规定，故以《政府会计准则第1号——存货》［2016］为准。

第三节　广西国有林场实施新旧制度转换的基础与难点

一、实施新旧制度转换的基础

（一）基础财务资料

包括但不限于：2018年年度财务报告、固定资产台账、2018年12月31日的科目余额表，并按照《政府会计制度——行政事业单位会计科目和报表》与

《事业单位会计制度》有关衔接问题的处理规定要求，编制原账的部分科目余额明细表等。

（二）人员与机构设置

F 林场及其下设的各子公司、营林分场、机关科室及其他下属单位、单位职工对转换涉及的各职责范围内事项全面参与。

二、实施新旧制度转换的难点

（一）编制"两套账"操作复杂

F 林场作为有经营活动的事业单位，每年虽然得到国家财政各种拨款，但对于林场来说，这部分资金远远不能满足其发展需求。虽然林业需要将生态效益的优化放在首要位置，但是林业同时也将经济效益的最大化作为其财务目标。

F 林场作为事业单位，其总预算会计、事业单位会计以及其下级企业分别按照自己的会计制度执行。由于林场的企事业混合性质，承担多重职责，所以林场在日常经营和管理中不仅要考虑社会经济效益和绿色生态效益，还要兼顾自身的经营发展战略和绩效考核，管理上呈现出综合程度高的特性。林场财务管理上，要进行统筹多方效益，且在给外界呈现财务报告时，要把以收付实现制为会计基础编制的预算会计报表，经过一系列大量会计调整，转化为以权责发生制为基础编制的财务会计报表。在此调整过程中，易混淆或错位理解，导致会计信息无法顺利衔接，同时也增加了各个部门之间的沟通成本，使得工作效率降低，影响了政府部门对其的管理效率，同时也可能产生政府综合财务报告与单位报告在账面金额上存在出入的局面，进而降低了会计信息质量和可靠性，产生审计评估和绩效管理等方面的风险，不利于对国有林场整体状况的把握。为解决这一现象，国家在 2017 年 6 月 26 日发布了新《国有林场（苗圃）财务制度》，将原本传统的企业财务模式转变为事业单位会计模式。但由于原事业单位会计制度仍然是按照收付实现制的会计基础核算，新颁布的《政府会计制度——行政事业单位会计科目和报表》还未实行，使得《政府会计准则》不能贯彻落实，在一定程度上阻碍了政府会计准则的推行。

收付实现制以单位实际的收支为基础进行核算，在这种会计基础之下，一些政府潜在的资产和负债难以全面反映。例如，政府部门的一些未决诉讼事项，或者协议已经签署但却未支付或收取款项的事项，原本应该计入核算的事项并没有纳入本期范围之内核算，形成资产或者负债的低估，影响政府部门和各个单位对现有资产的掌控。原执行的行政事业单位会计准则中，并未对固定资产和无形资产的折旧和摊销提出要求，如此一来会形成固定资产和无形资产价值的虚高，不利于政府对现有资产做出统计和管理，不能切实地反映政府部门和各行政事业单位的财务状况。

原事业单位会计制度中并未设置费用类的会计科目，不利于政府部门进行绩效考核。行政事业单位的会计科目中分为资产类、负债类、收入类、支出类和净资产类几个类别，其中费用的支出难以有效地归集，不利于对行政事业单位进行绩效评价和管理。绩效管理包含管理层面以及业务层面，而将费用支出的归集纳入绩效管理有利于提高绩效管理水平，有助于培养政府管理中勤俭节约的意识，对建设廉洁型、高效型政府有助推作用。综合财务会计报表的编制是以收付实现制为会计基础的预算会计控制，《财政部关于印发〈政府财务报告编制办法（试行）〉的通知》和相关会计制度规定，2016 年中国全面试行权责发生制政府综合报告编制。

（二）林场业务繁多核算复杂

F 林场业务总量大，种类繁多。不仅纵向形成了从上游供应到下游销售的完整的产业链，同时横向的发展多元化经营业务，包括经济林、速丰林、人造板、土地与房地产开发、商贸物流等主营业务，也包含有林业设计、肥业、小额贷款等副业。并且广西国有林场分为完全公益性质财政全额拨款的公益一类林场，以及以提供生产加工原材料的、具有营利性质财政差额补助的公益二类林场，两种林场的业务性质不同，对政府会计准则和新《国有林场（苗圃）财务制度》的使用与业务核算也不同。由于营林提供原材料以及加工出售人造板、家具等不同的业务，隶属于不同的会计主体，又形成完整的产业链，这其中涉及较多的存货的核算以及关联方交易的问题。

F 林场属于事业单位，事业单位是中国独有的一种执行公共事务功能的单位组织，为国民提供医疗、教育卫生、体育等社会服务的组织。不同的政府部门行业都有各自的特点，其中国有林场属于林业，其行业所采用的会计科目也极具特色，与其他事业单位不尽相同。国有林场在经营、管理方面都有其行业自身的特殊性，其经营活动会受到气候状况和环境状况的影响，为其经营本身带来一定的特殊性，加大会计核算的难度。制度要求经营类的收支，要严格按照章程规定纳税，收入和支出分别核算，单独反映。由于行业的特殊性，其经营类的收支也有不确定性，必须要按照实际发生的情况做出适当的调整，通过预算调整的方式来完善全部财政预算管理。国有林场生产经营所产生的收入还可用于支付生产中所产生的成本和建设生态管护支出。国有林场下属细分单位众多，加上广西国有林场的行业复杂性，导致会计核算量大且难度大，从而导致衔接新政府会计制度面临极大挑战。

（三）制度变换频繁衔接复杂

新政府会计准则制度于2018年8月16日颁布，要求从2019年1月1日起在全国各级各类行政事业单位全面执行。《国有林场（苗圃）财务制度》颁布于2017年6月26日，要求施行时间为2018年1月1日，而旧《国有林场与苗圃会计制度（暂行）》施行时间为1995年。相关制度准则变换频繁，而会计科目也在不断转变。

2015年的《国有林场改革方案》中，将国有林场划分为从事公益服务的事业单位、从事市场化经营的企业和其他三个类别分别进行管理。为社会提供公益服务的林场视为事业单位管理，会计的处理遵循事业单位财会制度进行核算；改变体制转型为以生产经营为主的国有林场，按照企业进行管理，适用企业会计制度进行核算；存在其他情况的，视情况采取相应的管理办法。至2017年，广西的国有林场，由原本的国有企业性质转变为公益事业单位性质，在管理办法上也要做出相应的调整，具体表现为，原本的财务核算方法也由原本的国有企业的方法向事业单位的要求进行调整和规范。原本定性为公益性事业单位应当遵守事业单位的财务制度和会计制度来调整核算方式，而实际上国有林场并未跟紧政策的节奏，依然使用原本生产性事业单位的老办法实行企业化管理，依旧执行原本的《国有林场与苗圃会计制度》《国有林场与苗圃财务制度》与《国有林场改革方案》中提出的要求相去甚远。如果要适应中央的改革要求，那么现行的财务会计制度的改革也要同步进行，按照林场的行为，相应转变会计的核算方式，使得会计核算与管理工作相适配。

所以新旧会计制度的衔接难点，一方面在于要求面临适应制度内容的本质差异，另一方面则是要求在短时间内适应此差异。

（四）人员与财务软件更新没跟上

F林场沿袭事业单位固有刻板工作方式的陋习，在会计岗位上的工作人员少，并且人员固定，更新速度慢。人员流动少，人员更新速度慢使得在会计岗位上的员工有老龄化的趋势，老员工使用老办法工作，工作模式固定，对新政策新趋势的解读不足，不利于新的政府会计模式的通行和运用。同时，中国在取消会计从业资格证考试以后，降低了人们走上会计岗位的门槛，事业单位中的员工，部分是仅参加事业单位编制考试就上岗无相关基础知识和工作经验的人员。国有林场旧制度与新制度之间的衔接复杂，同时并行权责发生制和收付实现制两套会计基础，仅仅学习企业会计核算方法或是专业能力较弱的会计工作人员，容易将其混淆，导致核算混乱。具体工作中，由于国有林场相关单位的职责和定位不同，部分工作人员局限于本位思想，在转换过程中仍按原工作习惯进行财务处理，资料的收集固定也仅限于一方面，缺乏对会计核算与计量是否能真实可靠反映林场的特殊性进行深入的调查和数据收集，阻碍了后续新旧制度衔接工作。会计核算工作量大且覆盖面广，对专业财务知识要求高，需要高素质的专业财务团队。

新政府会计制度与国有林场原本使用的旧制度相比，在内容的具体实践操作上有较大的改变。"双系统"账务处理模式是一个崭新的突破，转变了旧式的管理思路和方式。"双系统"即是同时使用权责发生制和收付实现制两种会计基础并行，同时编制财务会计报表和预算会计报表的"双报表"模式。财务会计核算方式与预算会计方式相差较大，所编制的报表也不一样，在对部分科目诸如"应付款项"、"应收款项"、"预付款项"以及"预收款项"等会计科目的核算过程中，难度会有所加大，复杂程度有所提升，对财务会计人员的专业素养和工作能力提出了更高的要求。政府会计还在制度衔接中的资产类、负债类、净资产类会计科目做出了一定的调整。例如，在工程建设和核算中，新政府会计将银行存款会计科目做了进一步的细分，分别为"工程物资"、"在建工程"和"预付款项"三类会计科目。国有林场必须在 2018 年 12 月 31 日前将原有处理方式下"在建工程"科目中的余额进行调整，以完成新制度和旧制度下会计信息的衔接。在 2019 年 1 月 1 日以后，对林场在建工程进行核算时，对于符合新制度下工程物资分类的在建工程资金要划入单位相关的会计科目进行核算，而新账套的在建工程科目仅保留其剩余的部分。新政府会计的实施打破了旧的管理模式，既提高了对新进财务人员专业水平的要求，同时也促进了原有岗位上的老员工自我提升的紧迫感，强化专业知识和技能，以提升整个国有林场的管理水平和管理效率。

目前，中国政府和各行政事业单位使用的，仍是单一账套的会计信息系统，财务软件陈旧，版本过低，智能化不足，无法跟随网络信息时代的要求。许多会计核算中心仍然存在着运行系统版本低、硬件水平低、两者不能相适配、两者不能满足管理工作需求的情形。低端的硬件在运行高版本的软件时，程序难以运行，使用效率低下。同时低端的会计信息处理软件也不能满足"双系统"的高要求。目前中国政府仍无运行中的可以进行"双系统"会计核算的财务软件。"双系统"核算模式要求会计信息系统能判断一笔业务是需要进行财务会计核算还是预算会计核算，财务会计核算以权责发生制为基础，预算会计核算以收付实现制为基础，确定这一步骤之后，还要根据核算的结果分别编制财务报表和决算报表。而国有林场的核算在此基础上还应增加个性化的设置，以满足国有林场特有的林木资源、下属子公司生产成本等多方面的个性化核算需求。这样的需求对国有林场财务信息化的系统构建提出了更高的要求。

第四节　新旧制度转换与衔接的对策

一、贯彻落实"平行记账"

制订新旧制度实施方案，做好分工，明确目标，责任到人。在财务科内部乃至单位加强培训，宣传政府会计制度变革的政策。提早和软件服务商联系，及时调整和更新会计信息系统，确保顺利切换。

（一）清查核实资产信息

在2016年资产清查核实的基础上，根据政府会计制度的要求，在转换前进行一次全面的资产核查，对固定资产、无形资产和对外投资的项目做统计和核实，以便在后续的工作中，能准确计提折旧和摊销，准确确定权益。明确各项资产的归属，以及对其负有养护维修责任的主体，按规定把国有林场所拥有并具有控制权的公共基础设施、保障性住房等资产以及单位受托管理的资产登记入账，以全面覆盖国有资产的信息，确保重要资产信息没有被遗录、漏录。

（二）进一步加强往来账管理

全面开展往来账专项清理（包括自身清理和对方单位函证等）和账龄分析，清理各个账目，包括总账和明细账，也包括现金账、各个银行账、所有的往来账目等，开展账龄分析，及时将发现的问题反馈给领导，重点解决呆账、坏账、死账、错账等，同时进行账务处理，做好坏账准备计提的相关工作。

（三）清理基本建设会计账务

及时将已交付使用的在建工程项目转为固定资产、无形资产等，并按相关规定，及时办理基本建设项目竣工决算手续，为将基本建设业务纳入单位会计"大账"做好准备。

（四）分析结转资金性质及梳理其余额

确定和明晰各项结转资金、结余资金的构成和其所属的性质，按照制度规定确定新账目中各项资金的数目和余额，为新旧制度衔接奠定坚实的工作基础。由于新政府会计制度下财务会计的核算要求是以权责发生制为核算基础，因此要规范合同管理，付款和进度时间要明晰，为权责发生制进行账务处理提供依据。

二、优化调整业务人员机构配置

一方面，要进一步完善国有林场人事管理制度、劳动分配制度等相关配套管理制度。明确各部门职责，防止权力与职责过度集中。另一方面，根据新政府会计制度的规定，国有林场应该在成本核算时考虑根据林木项目性质细化核算科目，并根据部门人员自身优势，分清部门内部职责，优化人力资源配置，充分发挥个人优势，进一步积极调动人员积极性，切实提高工作效率。不同等级的国有林场应根据自身主营业务属性调整会计科目系统，设置契合财务工作实际本质的三级、四级等明细科目，并且梳理、对比新旧会计制度的会计科目之间关系，从而提高财务处理效率和水平。

以财务管理部门为例，财务管理部门作为林场管理的重要部门，对人员机构的配置显得尤其重要。根据林场业务开展实际及人员潜质，将该部门人员结构作进一步优化调整。具体可分为：

（1）预算组。该项目组下的工作人员主要工作内容是编制国有林场的财务预算，包括现金预算、收入预算、成本费用预算、资本预算等，并负责对各项预算执行情况进行检查和控制，以便后期做出调整，提升资金使用效率。

（2）现金管理组。主要负责库存现金、银行存款等货币资金的保管与结算，同时对现金是否按预算执行编制报告。

（3）信用管理组。负责国有林场信用政策的执行，对应收账款、过期账款进行催收。

（4）筹资管理组。根据预先预算方案，负责按照资金需求量进行筹资，并监控资本结构和资金成本。

（5）投资管理组。负责对林场拟开展的各项投资进行可行性分析，为决策层提供可靠参考信息。

（6）资本运营组。负责对林场经营活动和财务状况进行监督、分析和评价。

三、自上而下，逐级衔接

广西国有林场会计的改革是逐步推进的，尤其现在政府会计改革正处于关键的攻坚战节点，所以双体系会计核算的改革也需要采取稳健性行动——自上而下，逐级衔接，逐步试行。这样试行推进，可及时对所遇到的问题做出反应。但要注意一些跨年度和新旧会计转换时点的会计科目应该做好科目余额结转工作，并设置新制度下期初余额，同时做好会计底稿的保存。尤其要对末级会计科目的结转数据进行认真核对，确保衔接工作平稳过渡。同时，自上而下的推行应按照从上级到下级，从国有林场主管单位到基层单位，逐级试行。试行成功的主管单位将发挥榜样作用，对基层单位的推行可起到监督和操作性引导作用，确保新准则实施质量。可以采用系统内衔接，编制调整分录，也可以系统外衔接，主管单位应对衔接中主要调整内容做出说明，并与新旧会计科目余额衔接转换表、衔接转换财务报表一起存档备查，以避免因调整会计科目很多而导致的数据混乱。

就目前现状来看，国有林场主要遵循《国有林场和苗圃会计制度（暂行）》（财农字〔1994〕第371号）和财政部有关事业单位会计核算、原国家林业局有关国有林场和苗圃会计核算的补充规定，然而，国有林场将从2019年起执行《政府会计制度——行政事业单位会计科目和报表》，而旧国有林场会计制度将被废止，不再执行。

根据"自上而下，逐级衔接，上下结合，分级编制"原则，国有林场主管单位应当统一部署新旧会计准则衔接转换工作，认真研究新政府会计准则，充分评估国有林场所有可能涉及的调整事项及可能存在的问题，并要求下级单位逐级上报衔接转换财务报表和衔接转换明细表。其中会计差错更正与执行新政府会计准则调整应分别进行账务处理，会计差错更正通过财务报表体现，新政府会计准则调整则通过衔接转换明细表体现。国有林场上级部门应密切跟踪新政府会计准则实施情况，自上而下及时了解实施过程所遇到的难题，自下而上及时反馈意见。同时应积极强化上下各级相关部门的联系与交流，以利于新政府会计准则的平滑过渡和衔接，确保其能够有质量地实施。

四、更新软件并加强培训力度

如今，会计电算化核算已是政府会计和企业会计的重要工具，F林场作为兼具公益性和生产性的事业单位，其电算化会计核算系统是衔接上游林场和下游企业的链条。因为过去国有林场大部分还只是采用单一的会计电算化核算系统，有双系统财务核算软件的单位很少。要想满足新政府会计准则的"平行记账"要求，实现财务会计核算和预算会计核算各要素相互衔接和贯穿，同时做账和同时编制报表，双系统财务核算软件是大势所趋。相关主管部门的管理人员应对国有林场的会计电算化建设予以高度重视，首先要在观念上更新，才能通过先进的上层建筑引领基层单位进一步完善国有林场的会计核算系统。国有林场要根据自身具体问题具体分析，基于"3+5会计要素"新核算模式，广西国有林场应与财务软件公司探讨，开发出满足国有林场自身特殊需求的双系统政府财务系统，进行有针对性的会计电算化系统改革，以实现同时有效反映国有林场事业单位的财务状况和预算执行情况。

关于会计电算化系统的更新，有两方面需要重点着手解决。

一方面是财务软件公司的选择。

作为国有林场改革和新旧政府会计制度衔接所必须配套的软件设施，会计电算化核算系统的更新是支持新政府会计制度得以顺利平稳推行的关键技术。国有林场相关负责部门要事先就新会计制度的内容和要求，与财务软件公司进行商讨，提出契合国有林场单位特殊条件的会计信息系统改进要求。因为新政府会计制度的"平行记账"扩大了会计的核算范围，在核算纳入预算管理的现金收支业务，不仅要进行财务会计核算，同时还要进行预算会计核算，因此工作量理论上会比以往更大的前提下，国有林场需要财务软件公司在进行会计电算化系统更新时，争取实现一项业务仅需要录入一次记账凭证，而后财务系统就能根据既定编程对其自动采取财务会计核算和预算会计核算。这样，不仅能满足一套系统编制"两套账"的制度要求，还能在一定程度上减少财务人员的工作量，降低工作难度，进而提高日常财务核算和财务管理的工作质量和效率。设计时既要注意财务会计核算系统与预算会计核算系统的对接，还需要处理好会计核算系统与资产管理系统、报销系统等其他系统的对接工作，以确保各系统数据的正确衔接与转换。

因国有林场财务电算化需要长期建设和完善，因此必须选择可靠的伙伴作为长期合作对象，有能力和资格实现长期合作的财务软件公司应能满足以下几个条件：

一是要重视软件公司的发展规划和在林业领域的战略布局。因为林业的特性和复杂程度决定了该系统的复杂性需要极大的研发投入，软件公司必须具有强烈的决心和充裕的准备才能对林业做出实际长远的研究开发规划，保证其拥有可为国有林场持续服务的相关技术人员和可持续更新迭代的产品。

二是产品开发负责人要对林业业务、对政府会计制度在国有林场运用的业务有足够的了解和熟悉。只有产品设计开发者和实施顾问对林业复杂的业务流程有充分的研究和理解、对林业财务核算的复杂性做了系统的研究而进行改造的系统，才能使会计电算化在国有林场改革和新政府会计制度实施落地中发挥有效作用。

另一方面，在信息化时代里，要想让会计电算化系统的数据能为国有林场的日常运作和管理所服务，国有林场不仅需要对财务系统的软件升级和改造投入资金，还需要对相关财务管理人员的培训给予足够重视。相比于旧的行政事业单位会计制度，新的政府会计制度在财务会计科目、会计科目核算方法等多方面做出了许多改革，再加上近年新旧会计制度变换频繁，为了确保国有林场在新政府会计制度下继续有效开展工作，及时对相关财务人员进行职业培训和准则学习是迫切要求。

只有养成足够的高技术素养，掌握大数据分析技术的财务人员，加强人员继续教育培训，建立继续教育激励机制，才能充分发挥新财务核算系统反映和监督单位运行活动的作用。财务人员要了解和理解新旧会计制度的变革内容和内涵，不断提高个人会计素养和专业知识水平，提高人员综合素质，才能满足工作需求，进而在岗位上更顺利完成工作和做出贡献。一则国有林场各级单位应合理规划财务人员的培训，并且要有针对性，就新政府会计制度实施过程，财务会计和预算会计一体化核算系统的内容、特点和新旧会计制度衔接的功能调整等重点事项进行详细讲解。二则结合"自上而下"方针，可设立会计领军人才的引导机制，以上级单位指导下级单位，层层递进扩大财务人员的培养数量与覆盖面。国有林场不仅要注重安排外部专业人员对单位内部人员进行培训，还应重视单位部门内部人员之间的学习和交流，以促使新旧会计制度在上下级财务部门之间更顺利衔接和新政府会计制度的实施。

国有林场其复杂的经济业务在新政府会计"双会计核算"体制下该如何处理，其业务实质所对应的明细核算次级会计科目该如何设置，财务报表科目的归集等都取决于国有林场财务人员对经济业务的内涵理解。只有财务人员把纷繁复杂的核算关系和内容梳理清楚，财务软件公司才能就国有林场的具体要求进行相对应的系统改造。

综合来讲，国有林场与财务软件公司就财务核算软件设计方面应注意以下几点：

（1）安全性。因财务系统记录大量经济活动信息、单位内部以及个人隐私，计算机系统可能会因任何因素的影响而导致信息丢失、泄露和损坏，从而给工作带来极大损失，所以安全是首要要求。对此，应设立财务专用网络，以避免外网可能的病毒入侵窃取信息和干扰。此外，应建立授权管理机制，以避免不同职位的工作人员所负责的信息泄露给其他部门。同时，要加强对硬件设备和机房等重要设施的安全管理，制定严格的准入制度，尤其要注意硬件的维护和管理不能由临时维修人员直接进行，必须通过国有林场相关部门的审核和批准才能进行相关硬件设施的维护。

（2）交互性。国有林场本身有多个部门，下属还有各种子公司，因此财务系统需要能有效联系其他相关部门，使得各个系统之间能够交互传递信息，以避免数据的重复统计实现自动抵消合并操作，从而能为主管部门分析和管理提供完整可靠、充分合理的参考依据。

（3）可扩充性。财务系统不仅要能用于日常经济业务的核算和处理，还需要有智能分析和统计的模块，并且应具有财务软件企业的后续技术支持和更新，以防止系统无法满足新制度的核算需求而造成资源浪费。

第三章　战略管理与预算管理

第一节　战略管理与预算管理概述

一、战略管理与预算管理的定义

战略管理，指企业依托自身的使命，结合企业所处的内外环境，为企业量身打造属于自己的战略目标，同时制订可行的方案以保证目标的实现，将方案运用到实际的企业管理中，并在战略的实施过程中，及时地根据内外环境的变化对战略做出调整、修改原先确定的愿景、目标和战略，以确保最终能够沿着正确的方向取得成功的动态管理过程。也就是战略制定、战略实施、战略保障、战略控制、战略总结的动态过程。

预算管理，是一种现代管理模式。它将系统化、人文理念和战略化完美地结合到了一起，是现代管理中必不可缺的一部分，承载着现代企业经济管理战略，是一种重要的管理工具。对企业全部经营活动各方面以货币的形式总括反映企业在一定期间内应该实现的战略目标，并按照有关规定细分到企业的各个责任中心，借以预测未来期间的经营成果和财务状况的系统工具。预算管理的基本过程包括：选择预算主题、确定预算目标、编制预算、预算执行控制、预算分析与改进等。

二、广西国有林场战略与预算管理概述

F 林场坚持"产业发展生态化、生态发展产业化"的工作思路，对经营管理机制进行大刀阔斧的改革，同时对产业链实施升级转型，牢牢把握森林资源培育不动摇的思想，依托企业的现有资源，结合当地林场发展具有地方特色的森林旅游、生态经济等环保型的生态产业，力求提升企业的经营效率，实现企业的生态价值化、经济价值化和社会价值化，努力构建一个"森林优质高效、生态经济协调、资源持续经营、林场富裕和谐"的国有林场。根据企业的战略目标，广西国有林场近几年主要通过改善林场和森林的环境，加大力度培育优质的森林资源，同时也在各个方面提升产业效能，目前已取得较大的进步。然而，在具体的战略规划的实施过程中，仍存在生态环境恶化、森林质量整体不高、科技创新低、产业转型压力大等问题。

一方面，从整体上来看，目前中国事业单位的运营资金主要来源于政府财政支持，有不可忽视的行政指导因素，并不是完完全全地属于市场竞争主体。在市场竞争和财务压力缺失的情况下，事业单位的工作重心更多地集中在社会服务功能的实现而忽略经济效益和竞争力，组织往往缺乏在内部达成共识的明确战略，其预算管理体系也落后于业务发展。

另一方面，从局部来看，广西国有林场整体上并没有基于自身的战略定位来编制预算。以 F 林场为例，作为广西发展最可观的国有林场，虽对外表明是实行全面预算管理，但在实际的运营管理中，并没有融入全面预算管理的理念。

第二节　国家林业及广西林场发展战略规划

一、"十三五"时期中国林业战略目标

"十三五"时期，中国林业要加快推进功能多样化、经营科学化、管理信息

化、装备机械化、服务优质化，到 2050 年基本实现林业现代化奠定坚实基础。到 2020 年，中国林业发展的主要目标是：

（1）国土生态安全屏障更加稳固。林业生产力布局进一步优化，生态承载力明显提升，生态环境质量总体改善，生态安全屏障基本形成。

（2）林业生态公共服务更趋完善。绿色惠民、公平共享、服务水平不断增强，优质生态产品和林产品更加丰富。

（3）林业民生保障更为有力。林业产业转型升级，林业职工和林农收入不断提高，生产生活条件逐步改善，吸纳就业能力不断增强，国内木材储备供应能力显著提高，林业产业总产值达到 8.7 万亿元。

（4）林业治理能力明显提升。林业改革稳步推进，国有林区、国有林场成为绿化国土和林业建设的主力军，集体林业活力进一步释放，科技创新和依法治林进一步增强，基础设施和装备条件进一步改善，人才队伍进一步优化，林业制度体系更加健全。①

二、国家林业具体的发展战略规划

牢牢把握现代化林业发展和建设的总目标，依据"一圈三区五带"的林业发展格局，着力提升国家的绿化层度，加快林业方面的产业发展，深化林业制度的改革和创新，设立严格的规章制度，依法保护林业资源不受侵害，大力保护林业的经营管理，发展公共服务，强化基础保障，扩大开放合作。

（一）加快开展国土绿化行动

（1）加快造林绿化。培养全体公民的植树意识，让他们爱上植树，发动全社会力量提高植树面积，封山育林、人工造林两种方法同时进行，在宜封的地方封山造林、在宜造的地方人工造林、在宜灌的地方进行灌溉、在宜草的地方种草。

（2）重视国家的储备林建设。把保障国家木材储备安全、平衡市场供求放在首位，按照"市场主导，政府扶持，银行帮扶，实业担保，企业管理，林农受

---

① 国家林业局关于印发《林业发展"十三五"规划》的通知［R］.

益"的思想和原则，在水土资源丰富，日晒充足的南方地区和其他地理资源优厚的地区，通过参考林业世界银行项目的契约式管理方法和造林的方法模型及经验管理，在国家资金的帮助下，借助各种金融方法和渠道，完善财政补贴激励机制，推广政企合作。同时通过宣传和招商引资的方式，吸引民营企业和有社会效应的成功人士参与到林业的储备中来，进一步加速我国的林业建设。

改进我国的树苗种植技术，可以大力推行人工栽培，增加现有的林场树木的品种，填补荒废之地，发展各个阶段的不同周期的不同科属的珍贵树种和特效药材，建立这些重要植株的生产储备林。建立健全国家的林业储备制度，从植株的培育、种植、验收，大规模地推广到国家资金的补助支持，建立一个完整体系的方案，保障储备总量稳定和运行安全。

(二)做优做强林业产业

大力挖掘林业在发展中的特殊优势和重要的潜力，深刻地理解国家的有关政策，打造优秀的行业标杆，在政策和同行的引领下发扬自身优点，打造属于本企业的专属产业。同时要稳固原有的产业优势，开发优质资源和创新产业，大力深化改革，推动产业的发展。可以先把重心放在已经取得不错成绩的标杆企业上，实施产业的集群效应，提升规模效应，促进林业一、二、三产业融合发展。

(1)加强特色林业基地建设。把具有当地特色的粮油产业发展放在规划中，大力推进本地的农产品建设，如核桃、油茶等现有产品；大力发展林木种苗、花卉、竹藤、生物药材、木本调料等基地，按区域进行产业布局、按品种栽培、提高生产标准、按产业经营；同时搞好后期培训和帮扶措施，提高资源的配置，保证产出量，加快当地的农产品资源发展。

(2)加快产业优化升级。着力打造林产加工业的高效性，用好每一棵树、每一根竹子，将竹制加工企业，造纸业和林业的装配制造业进行优化和产能升级，全面构建技术先进、生产清洁、循环节约的新业态，提高资源的利用率，同时加强监管和验收核查，保证产品的质量，防止以次充好。对新兴的绿色资源环保型产业，如绿色建筑产业、生态林业产业、生态新能源产业和环保材料等产业，提供一定数额的金额帮扶。加强林业生物产业转化效率和综合利用率。做强森林旅游业，大力推进森林项目体验、康养以及农家乐，打造属于本地区特有的集旅游资源、健康医疗、保健康复、社会文化等多位一体的林业生态发展之路。

（3）发展优势产业集群。强化产业的升级和发展二者的结合，建立国家级的优质生态产业，建立高品质的林业园区和木料装配加工区。合理布局人造木板、木制家具、竹制家具、木浆造纸和林业装备制造和林业循环经济等产业，依托地方特色和现代工艺，依托天然的资源优势，打造一批精深加工高产品附加值的产业集群，发挥产业聚集效应。参照特色林产品基地、森林食品基地及竹藤示范区，建设有特色的现代化产业示范园区。

（4）完善产业服务体系。建立完善的林业产业和产品的标准体系，对产品制造的整个流程实施全面控制，制定完善的规范制度，在各个林产品基地和各大示范园推广无公害、"绿色"标准，建立健全林业产品的监管制度和严格的检验标准、认证系统，形成良好的信用体系，制定林业产业和市场准入门槛，坚决抵制不良林产品进入市场。广泛地向市场推进生产和销售的监管体系，同时提高生态产品的服务和认定效率。缩减缓解过剩产能，淘汰落后产能，优化产业结构。加强市场的监测预警工作，提供让客户满意的产品，加快产品的流转速度。大力实行品牌发展战略，打造国家森林标志性产品体系。构建林产品电子商务交易平台，为各个林场的交易提供便利。同时，鼓励连锁超市、新型电商企业和仓储物流业在森林产品方面的建设发展。

（三）全面提高森林质量

（1）分类促进科学经营。科学地进行天然林的经营。保育结合，人工推进天然林木的更新换代，优化树种结构，大力培育天然复层异龄林。"原生林"要以自我的更新速度进行种植和优化，维护良好的森林结构和保障森林的调节功能。"次生林"要认真地修复和抚育幼苗，调整林业的生长阶段，优化树种的结构，合理布局。同时要合理控制树木间的密度和交叉度，防止光照不均和养分不足的情况，着力稳定生态系统的高质量结构。"稀疏林"要按照密度的缺失进行合理的修补，挑选合适的品种和合适的生长阶段的植株进行填补，在不同地区增加不同的植株，增强生态的多样性，增加珍贵树种、乡土树种混交和深根系树种比重，恢复森林环境。

加快人工林产业的发展和经营。提高人工商品林经营的集约化程度，强化对森林的管理能力，对效能过低、退化严重的林场进行合理的改造，聘请有关专家给出合理的建议，提高这些林地的产出效率。在自然资源条件优厚的地区，日晒充足，土壤肥沃，水资源丰富，适合植被生长，应该大力发展生态，形成规模化的森林基地。同时，大力发展公益林，聘请专家指导，选择适合当地的优质树种，进行交叉培育，形成有层次、有深度的复合结构，按照专家的意见进行细心的培育，适时调整林分密度，促进林木生长。

适度开展灌木林经营。考虑天气、土壤、水源等自然条件之后确定灌木林经营方向、方式和经营强度，科学开展平茬复壮、间密留疏，增强灌木林的稳定性，在自然资源条件优厚的地区开展适度培育乔木林，形成乔灌混交，发挥防护等综合效能。施行且开展林业与土地种植的双重复合体。在保障森林主导的生态功能和经营主体经济效益目标的前提下，实行立体种植、多元化经营，综合发展森林培育和林下种植养殖，按照森林可持续经营和生态原产地认证要求生产森林产品。

（2）强化森林经营管理。将提供生态服务作为林场森林的主要职能，不同的林场实行、编制不同的森林经营方案，重点培育珍贵树种和优质良材，为游客打造景色优美的森林景观。将规模经营作为集体林经营的重点任务，支持鼓励单位主体编制具体详细，条理清晰且科学合理的森林经营方案，将经营措施落实到每一具体项目，例如，山头地块，为森林经营队伍配备专业化人才。构建以全国性标准为指导、区域和地方标准为补充、涵盖不同森林类型的森林经营技术标准体系。向不同地区、不同规模的林场推广典型森林经营模式与科学技术，形成示范效应，以供学习与参考，构建符合我国实际的森林作业法体系。建立并完善森林经营成效监测评价体系，加强对管理监督森林经营活动，对管理层的经营行为进行绩效评价，明确各级林业部门主体责任。

（3）推进混交林培育。优先营造混交林，现有的人工纯林将被逐渐取代，取而代之的是采取森林抚育措施优化树种结构；修复并补植改造退化林、残次林，积极推行针叶与阔叶树种混交、先锋树种与演替后期树种混交、乔木与灌木树种混交，大力发展乡土树种、珍贵树种、深根系树种、演替后期树种为建群种的混交林，形成层次多、冠层厚、生态位错落有致的森林结构，提高森林树种的多样性和丰富性以及生态系统的稳定性，使增强森林生态、经济与社会效益的

"三驾马车"并驾齐驱。

（四）强化资源和生物多样性保护

（1）完善天然林保护制度。严格保护林地资源，全面保护1.3亿公顷天然乔木林。停止对7053万公顷国有天然林的全面商业采伐；与集体和个人就天然林的商业性采伐缔造停伐协议，对于自愿停伐的集体或个人，由县级政府作为代表与权利人签订停伐协议，中央财政比照国家级公益林生态效益补偿政策给予停伐奖励补助，逐步实现5907万公顷集体和个人天然林停伐。提高6813万公顷天然灌木林地、未成林封育地、疏林地的管护力度。形成全面且稳定的天然林管护体系，合理布局远山设卡、近山巡护，建设管护的基础设施项目实现区域的全覆盖。在天然林生态系统区建立自然保护区和森林公园，全面保护天然林。

（2）严格保护林地资源。林地在国有森林资源中具有非常重要的作用，是整个森林生态系统的基础环节，因此，应该将土地的分类标准进行相应的修改，将林地作为森林生态产品的"耕地"，对其进行严格监管，就地采取全方位的保护措施。例如，综合利用现代的遥感技术和样地调查技术，建立全方位的森林资源、森林生态环境、造林地等方面的监测系统，并及时发布运用现代科技对森林的动态监测结果；建立健全以森林经营管理为基础，以促进森林生态发展为目标的森林砍伐管理制度，健全目前关于国家级公益林方面的监管和政策制度；完善目前森林方面的相关法律法规，加强构建森林执法体系，大力加强森林资源的监督管理和动态稽查，坚决打击破坏森林资源的相关违法违规行为；提高对古树名木的保护力度，坚决不允许破坏天然大树。

（五）大力推进创新驱动

（1）实施科技引领新战略。加强目前林业方面的相关科技体制改革，以保护森林生态、产业转型升级、绿色服务创新发展为目标，以科技生产力、创新驱动力为助力手段，将林业科学现代化建设、解决关键矛盾作为林业科技体制建设工作的出发点和落脚点，充分发挥各领域、各地域的科技创新的协同效应。立足于社会经济发展与科学技术创新的初心，大力开展相应科学技术方面的重大项目，完善林业科技创新的人才建设，整体提高林业科研创新的团队能力。建立健全林业科研发展的相关考核评价和激励机制，放眼国际前沿发展状况，注重林业理论的国际化创新发展；基于科研人员的视角，将其创新成果与个人的经济利益相挂钩；加强林业科技知识产权的法律建设，培养知识产权意识，保护林业科技的知识产权。

（2）打造"互联网＋"林业发展新引擎。立足于林业各项经营业务的发展现状，通过现代先进的科学信息技术，全面打造"互联网＋"森林生态保护体系，全方位提高林业各业务的现代化科技水平，真正做到"产技融合"。大力推动林业网上审批管理的平台建设，打造林业数据开发和智慧决策平台，完善林业资源数据库、动态监管系统、智慧林区综合服务平台、智慧营造林管理系统的建设，旨在为林业各业务的发展战略提供精准的现代信息服务和最完善的解决方案。积极促进林业网站群的建设，大力优化综合管理办公系统，以达到政务管理公开透明化、智能协同效应化的成果。建设林业云平台、物联网、移动互联网、大数据、"天网"、信息灾备中心等，全面提高林业信息化管理建设的基础支撑能力，最终实现立体感知、互联互通、协同高效、安全可靠的"互联网＋"全面建设，为林业的健康稳定发展注入新动力。

（六）发展生态公共服务

立足于最广大人民群众对美好的生态环境的新需求，将生态成果、生态效益与生态公共服务完美地融合在一起，努力搭建内容丰富多彩、规模适当、布局合理、满足各群体的生态公共服务网络。

（1）大力发展森林城市。积极促进城市屋顶绿化，完善城市街道绿色规划，建设城市绿廊，用绿色点缀整个城市，最终打造"绿色生态城市"；对于城市荒废的土地以及为解决"城市病"而腾出的土地，优先考虑用来绿化建设。加强城郊和城市群的绿化建设，大力提倡"退工还林"，将城市周边闲置土地、荒山荒坡、污染土地等用来开展植树造林，力求成片建设城市森林、湿地和永久性公共绿地，为城市穿上"绿色裙子"。着力提高城市绿化覆盖率，特别是建成区的绿化建设覆盖率，整体提升绿色森林景观，大力推进林水相依、林街相依、林屋相依的城市森林复合生态系统的建设，让青山绿水不再成为城市人的奢望，为城市营造绿色安全的生产空间、健康宜居的生活空间、优美完备的生态空间。积极推进国家森林城市群、森林乡镇、森林村庄的建设，最终打造符合中国国情、拥有个人特色、类型多样的森林城市格局。

（2）加快推进生态保护扶贫。对于居住在生态特别脆弱地区的贫困人口应该进行生态补偿脱贫，通过林业生态工程进一步推动国家对贫困地区的脱贫工作，运用森林湿地管护和沙化土地封禁补助、退耕还林补助、营造林投资补助、生态补偿等补贴手段，让贫困地区的劳动人口变成林业的工作人员，如护林员、防火专业队员等森林生态保护的工作人员，从更长远的视角来促进贫困人口脱贫。另外，还可以通过积极引导贫困劳动人口、林业贫困职工利用当地生态资源，大力发展特色的森林旅游、森林教育建设、森林养老等绿色产业，推动当地绿色经济的发展。加强对贫困劳动人口的技术推广和技能培训，通过各种技能培训方式，来提高贫困劳动人口和林业职工的长期就业和自主创业的能力素质，充分发挥林业特色产业扶贫的作用。加强滇桂黔等集中连片特困区、林业定点扶贫县和国有林区林场扶贫力度，实现山区林区沙区精准扶贫、精准脱贫。

（3）加快构建生态公共服务网络。加强生态保护地、生态体验地的相关公共服务设施的建设，保障人民群众对生态教育、游憩休闲、健康养生养老等生态服务产品的基本需求。加强生态标识系统和绿道网络的建设，提供优质的交通、环卫、安全等公共服务设施，积极打造生态怡人、景色优美、绿色舒适的生态空间。以森林、湿地、沙漠、野生动植物栖息地、花卉苗木景观作为生态体验的主要内容，推动生态公共营地、生态驿站的建设，积极开展关于空气负氧离子监测内容的活动，整体提高生态体验的质量和特色服务，让群众真正感受到生态森林独有的魅力。

（七）扩大林业开放合作

（1）建立健全林业国际合作体系。注重林业国际合作的全局性、主动性和前瞻性。坚持突出亚太、立足周边、巩固拉美、面向全球的国家合作方向，基于"一带一路"的战略总体布局，积极寻求与"一带一路"周边国家在林业发展方面的国际合作，实现共赢。严格履行涉林国际公约，积极参与全球森林生态环境治理体系的建设，提高在国际森林合作方面的主动权和话语权。切实履行国家应对气候变化的承诺目标，充分发挥大熊猫、朱鹮等在对外合作交往过程中的积极影响，注重森林生态的外交建设，为"一带一路"提供软实力和绿色支撑，积极树立良好的生态国际形象。在林业资源开发方面，积极寻求国际合作。不断深化与中美、中俄、中欧、中非等在林业发展上的保护、贸易、技术开发等方面的合作，创新合作方式，进行思想碰撞。重视国际竹藤组织和亚太森林组织在林业方面的积极作用，加强与涉林非政府组织之间的合作。拓展林业援外领域，丰富林业援外内容和形式，培训与项目结合、技术与资金并用，建立林业援外长效机制，带动中国先进理念、优秀人才、创新模式"走出去"。大力推动有关野生动植物保护领域的对外合作和援助，建立打击野生动植物非法交易和木材非法采伐的国际合作机制。

（2）建立健全林业对外开放体系。大力推动林产品的创新以及出口贸易方式的革新，整体促进林产品对外贸易的转型升级。积极引进外资，通过外资渠道，为林产品的发展添砖加瓦。加强林产品精加工、高附加值生产，大力实施产品多元化的发展战略，加强林产品贸易的宽度与深度。加强林产品国际贸易预警体系建设，建立健全安全有效的林产品对外贸易体系。以亚行、欧投行以及世行的中国在建项目为跳板，积极撬动其背后的资金、技术等资源，如国际金融组织和外国政府贷款、外商的投资资金等，通过内外项目加大国际合作的深度，促进共同发展。促进自贸区的建设以及完善"一带一路"的相关贸易政策，大力支持国内企业"走出去"，在国家森林项目方面，积极争取与俄罗斯、东南亚、中东欧、拉美、大洋洲及非洲等具备条件的国家进行深度合作，转移和利用国内木材加工、林业机械制造等优质产能，建成一批集森林资源采伐、加工、贸易与物流于一体的境外木材加工园区。依托中国主要进口木材口岸，建设进口木材资源储备加工交易基地。通过亚太区域林业企业合作与交流平台，积极推动林业调查规划、勘察、设计、标准、认证等服务和技术、设备、管理模式"走出去"，深化与俄罗斯、马来西亚、新西兰、新加坡等国现代林业服务贸易合作。

（3）建立健全林业应对气候变化体系。大力推进林业碳汇计量与监测系统的建设，积极开展林业碳汇调查，对林业生态进行连续的动态监测，完善森林、湿地、木质林产品各类碳库的相关动态数据库的建设，加强林业碳汇计量监测中心基础设施建设，建立健全林业碳汇技术标准体系，对国家林业目标进展情况进行评价和分析。努力完成林业碳汇项目减排量交易试点，以使林业快速地融入国家碳排放权交易的体系中。及时开展林业适应气候变化试点，大力鼓励社会各类资本积极参与碳汇林业的建设过程，从而有效指导开展碳汇造林的相关工作，为其建设出谋划策。加强林业相关工作人员关于气候变化的培训，提高林业科技人员在气候变化方面的研究力度。

三、广西国有林场发展战略规划

对广西各大林场的发展战略进行归纳总结，可将其概括为以下几点：

（一）着力推进生态建设

思想上，明白保护自然生态环境的重要性，尊重和顺应自然规律，按自然客观规律办事，牢固树立生态发展理念；以生态建设为总目标，以改善生态、保护生态环境为总任务，保护和建设森林、保护和恢复湿地、治理和改善荒漠、维护和保护生物多样性，构造生态安全格局；产业发展生态化，加快经济发展方式转变，大力发展绿色经济、循环经济和低碳经济；同时加强生态文化建设，营造生态文明的良好氛围，建设美丽广西。

（二）加强森林资源的培育

扩大森林资源总量。运用科学的技术和先进的管理方法提升森林经营水平，提高森林资源的质量。在加大幼中龄抚育和低产低效林改造的同时，尽量减少人为干扰，给森林留下自我恢复的空间，强化森林生态系统的调节功能；调整优化树种结构，丰富森林树种，大力构造大径级混交林，特别是异龄混交林，培育树种多样化、结构复杂、生物多样性的优质森林，充分发挥森林在自然生态系统中的主体作用。努力提高森林经营水平，大力发展森林生态旅游、林下经济、森林碳汇开发等生态型产业，着力提升森林经营的质效。

（三）坚持可持续发展，深入推进"产业强场"战略

加大发展方式转型力度，着力调整供给侧结构，努力深化产业链改革，充分发挥广西国有林场的地理方位、自然资源、社会资源和经济资源的优势，坚持以林业为基础的多种经营并行发展之路，重点夯实营造林为主，珍贵树种与绿化苗木培育、林下经济为辅的第一产业，壮大以林板一体化、生态肥、林产化工为支撑的第二产业，做活房地产开发和产业园区项目、森林旅游、林下经济等第三产业，形成多元化产业格局。对林业科研加大投入和研究，尤其是林业机械化研究

和开发，形成强有力的科研储备，强化创新发展，深化改革和成果的大范围推广实施，充分发挥科技在林业生产经营中的引领作用，不断提高林业生产力，提高产业专业化和社会化水平，促进林场产业科学发展、跨越发展，推进林场各项事业平稳健康发展。

（四）扩大林场基本建设投资规模，完善各类基础设施建设规划

重点支持林区的道路、供电、供暖、通信、广播电视等民生林业基础设施建设，推进国有的林区，国有林场棚户区和危旧房改造。加大对林区医疗卫生、教育等社会性保障基础设施建设的投入。坚持以富民强场为目标，全面改善职工生产生活条件，生活水平得到大幅度提高，让每户职工拥有一套房、一片林、一部车、一份股。

（五）打造信息化管理平台

改革创新经营管理机制，利用好"信息化＋智能机械化"创新，加强各级各类人才队伍建设，完善高尖端人才和学科带头人引入机制，增加对林业教育和培训的资金投入，培养创新型专业人才。深化干部人事制度改革，加强生态建设方面人才选拔培养使用制度建设，为林场储备优秀人才资源。

第三节　国有林场的战略实施现状及存在的问题

一、国有林场的战略实施现状

下面将以 F 林场为例，对广西国有林场的战略实施现状进行介绍说明：

（一）生态建设方面

森林采伐数量合理。从近几年的实际采伐情况看，林场实际采伐量均小于当年获得的采伐指标，2012～2014 年采伐量分别为 57.04 万立方米、60.92 万立方米和 68.48 万立方米。林场下属的人造板企业属于资源综合利用产业，是国家鼓励发展的循环、绿色、低碳的环保产业。但人造板产品在生产过程中会出现废

水、废气等环保问题。

（二）森林资源方面

森林总量大，树种结构丰富。F林场拥有山界林权证的林地面积合计54.53万亩，分布在南宁市的13个营林分场，树种以桉树和经济林为主，另外F林场拥有使用权的社会林地70多万亩，分布在南宁、梧州、玉林、贺州、百色、河池等54个市（县、区），树种以桉树为主。林场面积位居广西国有林场第一位，占广西国有林场面积的14.60%，林木资源丰富，具有较强的规模优势。截至2015年年末，F林场森林蓄积量429.23万立方米，森林覆盖率达到85.50%。F林场速丰林的造林树种以速生桉为主，杉树、松树为辅。

（三）产业发展方面

1. 产业结构多样化

业务范围包括：林业；加工、销售：原木（条）、板方材、人造板、木线条、木制家具、木制办公用品、原竹、竹制品（凭许可证经营，具体项目以审批部门核定为准）；房地产开发（凭资质证经营）；销售：熟松香（危险化学品除外）；园林绿化工程（凭资质证经营）；林业技术研究与开发（以下项目限分支机构经营）；机制红砖生产销售、道路普通货物运输，市场设施销售；市场开发投资，仓储、场地租赁及经营管理服务。

2. 第一产业发展稳定

营林是林业的基础产业，是F林场赖以生存的基石。F林场大力推进速丰林、经济林两大商品林基地建设，着力走"工贸一体化、林板一体化"道路。速丰林主要以尾叶桉、速生杉、速生松等速生树种为主，经济林以笋竹八角、玉桂等为主。

3. 第二产业发达

林场主要从事林产品和人造板的生产和销售。拥有广西华峰人造板公司南宁事业部、广西F九洲人造板公司（陆川）、广西高林林业股份有限公司（容县）、广西F五洲人造板公司（南宁）和广西F桂山人造板公司5家人造板公司，共有6条纤维板生产线，1条刨花板生产线，其中设计年产纤维板产量60万立方米、刨花板 15 万立方米以上。截至 2014 年年末，F 林场人造板产能 100 万立方米，实际年产量达 80 万立方米，位居广西第一位，国内人造板企业排行前列。目前，F 林场在林板一体化的林木加工企业中林场处于领先地位，而且林场所生产的"高林"牌成为了广西著名商标。

4. 第三产业不断开拓

按照多元化发展的要求，F 林场近年来依托资源和区位优势，不断扩大对外开发合作力度，大力引进合作伙伴发展第三产业。目前林场全资、控股、参股的三产公司超过 20 家，涉及商贸物流、小额贷款、物业管理、林业设计、园林绿化等领域。目前，林场正在谋划和推进的项目有 30 多个，总投资超过 50 亿元。

5. 设备先进

F 林场采用国内外先进的生产设备进行生产，目前共有六条纤维板生产线和一条刨花板生产线，全部位于广西境内。2012～2014 年，纤维板主营业务收入分别为 66001.44 万元、87585.92 万元和 80798.72 万元，2013 年林场下属人造板子公司正式投入运营，纤维板产销量增加以后销售收入也相应地有所增长，从整体来看人造板的收入较为稳定。

6. 主营业务毛利率波动大，盈利能力弱

2012～2014 年及 2015 年 1～9 月，综合毛利率分别为 7.42%、13.44%、6.49% 和 11.64%，综合毛利率波动较大。目前，人造板业务占林场主营业务收入的 70%，由于人造板行业的高速扩张，出现了行业产能过剩，恶性竞争导致纤维板销售价格始终在低位徘徊，一定程度上影响了行业的平均利润水平，同时由于原材料价格的逐年上升也影响了林场人造板产品的盈利空间。2014 年，人造板业务毛利率下降到 1.12%，之后人造板主营业务毛利润有所下降，2015 年 1～9 月人造板业务毛利率为 3.21%。人造板业务毛利率的下降影响了林场的盈利能力。

7. 林产品加工良品率低

由于刨花板生产线投产后，产品质量未能达到预期，良品率较低，导致人造板板块一直处于亏损状态。2012～2014 年及 2015 年 1～9 月人造板经营毛利润分别为 −1460.66 万元、3213.53 万、1118.10 万元和 2079.16 万元。2014 年林场纤维板产品实现销售收入 80798.72 万元，实现盈利 5028.47 万元，而刨花板产品实现销售收入 19111.04 万元，亏损 3910.37 万元，主要是由刨花板良品率较低致。

（四）民生方面

林业经营模式：F 林场在营造林方面以"区直林场＋市县林场"、"林场＋基地＋农户"、"林场投资、职工承包、定投资、包产量，超产分成"等多种模式进行经营。由林场下属的营林分场和场外造林部各自负责所在区域的营林生产。在实际操作过程中，基于具体条件，采用自建自营和合作联营方法。自建自营方式造林：由场外造林部直接与村委会、村民小组、林场签订《林地承包合同书》等合同，从林农手中承租林地。林场所签订的《林地承包合同书》根据林地的立地条件、周边租用林地租金水平等因素确定租用期限、租金等。合作联营方式造林：由 F 林场或下属场外造林部与合作方签订《合作联营造林合同书》，根据规划设计方案和实际种植面积，由林场或下属的场外造林部投入相应的生产资金，由合作方支付地租及负责组织施工和管理。合作联营方式造林：一般是由合作方直接向村委小组、农户或林场租赁土地，签订《林地承包合同书》，在承包期内由合作方在其所租赁的山地上进行开发造林。

危旧房改造一期、二期工程。项目分两期进行，计划建设 1369 套住房。项目一期位于邕武路 14 号，建筑面积约 40855.34 平方米，容积率为 4.87%，绿地率为 30%。计划建设 2 栋 30 层建筑，共 406 套住房。项目二期分 2 个地块建设，均位于邕武路 15 号，建筑面积约 100722.56 平方米，计划建设 3 栋 33 层，1 栋 31 层，1 栋 27 层，2 栋 6 层建筑。项目总投资 26831.67 万元。

F 林场营林分场 2015 年民生工程项目。该项目总投资 1300 万元，全部由林场自筹。2015 年项目计划建设内容包括营林分场职工饮水安全、生活用电设施维修、道路硬化和维修、房屋维修、新建检查站和望火楼、危旧管护用房等。2015 年计划投资 1300 万元。

（五）经营管理方面

首先，F 林场通过采取"区直林场＋市县林场"、"林场＋基地＋农户"、"林场投资、职工承包、定投资、包产量，超产分成"等多种模式大规模对外扩张造林。按照"林板一体化"思路，抓好营林和人造板两个主要业务，围绕"资源"和"技术"形成了一套原材料供应与人造板企业相结合较成熟的经营管理模式，促进人造板企业的快速发展。同时按照"林工贸一体化"协调发展一二三产业，形成以营林为基础，人造板企业龙头带动，第三产业齐头并进的良好态势。

其次，总体来看，2015年以来下属纤维板生产企业继续完善和健全集团和各人造板公司的内部管理制度，重点加强产供销各个环节的管控，通过放活各人造板公司木质原料自主采购权，积极参与尿素、甲醛等大宗化工原料电子竞价交易采购，有效地降低了生产成本。

再次，经营管理制度中领导层权力过大。场长是林场的核心人物，负责领导和主持F林场的生产经营管理工作，行使下列职权：决定F林场的各项重大计划并向有关部门申请。决定F林场内部机构的设置和调整事项。向有关部门申请F林场中高层管理人员的任免。制定林场工资薪酬和奖金的分配方案及其他重要的规章制度，并向职工代表大会提出申请进行审查决议。提请职工代表大会审议决定，福利基金使用方案和其他有关职工生活福利等重大事项。依法奖惩F林场中层管理人员和职工，提请有关部门奖惩F林场副场长、总工程师、总经济师、总会计师（或财务负责人）等高级管理人员。

最后，林场职工教育程度偏低。林场普遍存在高层年龄老化，中层干部素养普遍有待提高的现状。

表 3-1　截至 2015 年 9 月末在职员工教育程度分类

教育类别	人数	占比（%）
本科及以上	593	23.39
大专学历	560	22.09
中专及高中	1382	54.52
合计	2535	100.00

二、战略实施中存在的问题

（一）生态环境恶化

广西各林场生态环境总体良好，但少部分林场生态意识淡薄，偶发违规违纪采伐现象。破坏森林资源、废水污染物排放量大等现象。广西是黔桂滇石漠化综合防治的核心区域，截至 2012 年，广西境内石漠化敏感区面积达到 4.89 万平方公里，占广西总面积的 20.69%。广西水土流失面积达 2.81 万公顷，占国土面积的 12%；其中高度敏感区 2.3 万平方公里，占 9.7%，主要分布在桂西南、桂西北和桂中等岩溶地区。① 局部地区自然生态系统遭到破坏，生态系统服务功能减弱。与此同时，林场粗放型经济增长模式并未得到较大转变，工业污染物排放总量大，导致部分林场水资源质量下降。

（二）森林质量整体不高

广西各林场自然条件优越，森林资源丰富，但资源总量较大与质量效益不高并存是广西林场最鲜明的特征。广西各林场大部分属于南方集体林区，超过 90% 的森林归集体或个人所有，林权集中化程度低，土地利用效率偏低。因集约化规模经营程度低，管理方式相对比较粗放，特别是作为森林经营重要措施的中幼林抚育间伐普遍没有开展，导致森林整体质量不高。截至 2013 年，广西乔木林平均单位面积蓄积为 59.6 立方米/公顷，仅为全国平均水平 89.79 立方米/公顷的 66.4%；年平均生长量 3.47 立方米/公顷，真正达到速生丰产林标准的林分不多；平均郁闭度只有 0.58。广西森林生态功能等级好的面积仅占 2%，中等及以下的面积占 98%。②

（三）产业转型发展压力大

产业结构有失科学、合理。由于国有林场基础薄弱，产业发展仍以木材生产和简单加工等第一产业和第二产业为主，并且产业链不长，导致产品生产成本高，深加工率低，产品附加值不高，产品价格低，在市场上的竞争力不强。第三产业也不发达，对林场的贡献不大。产业转型，调结构，促发展的任务艰巨。

（四）林场科技创新不够，科技支撑有待加强

为了林场的快速发展，相应的科学技术水平也是必不可少的。林业科技的贡献不大，跟不上现代化林业发展需求的步伐。科技力量薄弱，创新能力不强，专

---

① 广西壮族自治区主体功能区规划［R］.
② 广西壮族自治区林业推进生态文明建设规划［R］.

业型、高精尖人才匮乏；支撑林场技术发展的科研成果少，特别是自主研发并拥有自主知识产权的核心技术寥寥无几，导致产品生产良品率低，产品市场竞争力不强，给林场带来较大损失，影响盈利能力。另外在立地造林、重大生态灾害防控，生态系统恢复重建、碳储量研究等方面科技成果明显不足。科技与生产结合不够紧密，科技的引领作用未能充分发挥。林业技术推广体系还不尽完善，林业技术推广率不足50%。

（五）存在租赁利益问题

当国有林场在场外租地造林时，在政府政策方面，对关联方的利益保护存在不足，比如在当地的土地所有者与林场签订租地合同之后，由于发展林业的经济效益逐渐提高，以及社会各界投身林业建设的人数提高，农民的市场意识逐渐觉醒，林地的出租不断提高，由最初的8元/667平方米的年租价飙升到80元/667平方米的年租不等。有的农民甚至想在合同期内结束合同，或者提高租地费用，这就使得在经营过程中产生诸多矛盾纠纷。国有林场一般统一进行土地租赁，某些地方势力或者个人会要求巨额补偿，从中投机获利。比如以占用土地为由头索要补偿，或者强行收取过路费，否则阻碍林木运输，甚至是在林场出售的时候，破坏正常的售价商讨。不满足他们的要求，林木资源就无法进行正常的经营销售，可能会给林场带来损失。

（六）林场治理结构存在问题

F林场属于事业单位，实行企业化管理，公司化经营。但尚未按现代企业制度的公司治理建立"三会"制度，行政管理上，实行场长负责制和民主集中制（党委会、职代会、管委会）相结合的管理制度。场长制定实施细则以及各项管理制度并主持执行职工代表大会决议，对生产经营管理工作有决策和指挥权，涉及公司重大事件的，提交党委会或管委会集体讨论审议。另外，对全场的财务有审批权。如果林场管理层的素质和水平跟不上林场规模体制更新换代的需要，陈旧的组织模式和管理制度可能会影响林场的发展，停滞不前，进而削弱林场的市场竞争力。

（七）人才队伍建设滞后

由于政府对国有林场不够重视，拨付的政府补助也不足，加上本身林场的工作环境相对较艰苦，在福利与工作强度不相匹配的背景下，愿意前往林场就业的专业对口人才较少，尤其是高学历优质人才则更少。同时，在林场工作的职员受教育程度普遍不高，知识框架、技术水平无法跟上林场改革的步伐。同时，大部分林场职工往往墨守成规，思想认识较为落后，改革创新意识不强。

（八）经营管理方式传统老旧

在国家经济实力飞跃发展的大背景下，广西的整体经济水平也有了长足发展，各行各业欣欣向荣，我区特色的国有林场的实力也在不断加强。林场规模不断扩大，林场的经营管理技术也不断走向现代化、先进化、科学化。管理水平的进步能提高全场职工的工作效益，也能为林场带来更大的经营效益。但是，在基本面向好的情况下，林场的经营管理工作仍存在不足，比如，更新造林的方式仍过于传统、老旧，可能会破坏山体植被；在对示范林区的建设和国家储备林项目工程的管理上则是方法落后，缺乏科学性，新技术的利用率相对较低。

第四节　完善措施

一、有效加强现代生态林业建设的力度，加强生态保护

有效加强现代生态林业建设的力度。林业部门要大力倡导建设现代化林场，因地制宜地帮助一些落后地区的林场进行体制改革，并帮助他们开展退耕还林，保护山林植被、水资源、生物多样性等各项工作。同时，也要加快推进林场的改革进程，加大对林场的监管力度，适时检查，严禁森林乱砍滥伐，着重关注森林改造工作，维护高质量森林资源的同时，改善林场的生态环境建设。

林场自身需要完善生态保护体系，实施生态保护和修复工程，完善生态安全体系。自行划定生态保护红线，在开发利用自然资源创造经济利益的同时为生态安全保留适度的自然底线，为未来可持续发展储备后续资源，维护生态安全，保护自然环境。为确保生态系统结构更加合理，通过实施生态系统保护、修复和治

理等措施；使生物多样性的丧失与流失得到基本控制；显著提升防灾减灾能力、生态服务功能和生态承载力。

二、保护并发展森林资源

（一）加强森林资源保护，做好护林保地和护林防火

一方面，林场要加强森林资源的保护。林场在日常工作中应积极配合当地的森林公安部门做好治理工作，对乱砍滥伐、随意造坟等违法行为进行严厉打击和整治。在林区中要禁止任何乱砍滥伐行为，针对已经被破坏的林木，山体应及时进行修复，保护工作，以促进森林资源总量有效扩张。另一方面，要加强防火防病虫害等监督管理工作。在林区做好日常巡逻，防止山火等重大自然或人为灾害发生，另外还要做好防虫治虫工作，以促进森林资源质量有效提高。

（二）做好森林资源的培育，积极发展第三产业

F 林场的森林旅游资源相当丰富，并且发展旅游业等第三产业的成本较低，所创造的经济效益应该十分显著，但是，探究 F 林场的财务报表可以发现，森林旅游业的产值占企业总产值的比重却相对较小，创造的经济增长点也较小，在某种程度上，其优质森林资源没有得到良好的发挥利用。因此，林场可以培育多种珍贵树种，或者修建、打造千姿百态的林木造型，形成多样化、丰富化的森林景观；林场可以积极推动林下养殖、林下种植、发展"农家乐"项目，这些均可以在林区内打造体验式的旅游产业，为林场创造新的收入增长点，积极发展第三产业。

（三）做好林地资源综合开发利用工作

在现有的国家已出台的关于林业企业发展的优惠政策背景下，积极建设示范基地等林业产业项目，充分利用国家相关扶持政策。在不影响森林主体功能的前提下，对范围较大、核心区人口较多的森林保护区，可以保持适度的农牧业活动，并通过加大生活补助等手段稳步提高林区内职工的生活水平、改善住房条件、改善生活条件、帮助职工脱贫致富。

三、多元化发展，拓宽效益增长点

林场应该具有与时俱进的精神态度，以及改革创新的勇气，敢于转变林场单

一的产业结构为一、二、三产业齐头并进的多元化产业结构；林场应该在正确的认知、评估已有资产的前提下，因地制宜，充分发挥、挖掘，利用已有或潜在的资源优势，走多元型、复合型经济结构的路子，为林场创造更大的经济效益。

林场应转变发展战略，不断调整特色经济林产品布局，建设经济林基地，优化树种，加大新品种、新技术的研究推广，以提高林木销售收入。目前，林场仍然通过销售经济价值较高的林木品种，从而获得经济收入。而中国林业资源中，树木结构较为单一，种类分配不够合理，经济林占地面积小，不利于林业资源效益转化为经济效益。因此优化树种，加大新品种的研究推广是亟待解决的问题。

林场如果只发展木材采伐和单纯地出售原木等第一产业，那么只能处在价值链的最低点，获得的经济效益也是有限的。为了获得更多的利润，林场应该提高林产品的产品附加值，发展林产品加工业等第二产业。林场可以大力发展人造板业务。人造板的市场前景广阔，在很多领域已能作为实木的优良替代品来使用，人造板在一定程度上可提高木材的综合利用率，平均生产 1 立方米的人造板仅需要 1.3 ~ 1.8 立方米的原木，而每 1 立方米的人造板其性能相当于 3 ~ 5 立方米的实木，再加上人造板制造成本低，可以利用废弃木材和木材加工剩余物进行生产。在当今提倡绿色环保、节能低碳的新时代，人造板可对木材供应紧张的现状起到一定缓解作用，是贯彻执行可持续发展战略的重要举措。可见，未来对人造板产品的需求将会越来越大，这对林场未来的发展也是一个巨大的机会。国有林场作为为木材生产企业提供资源的上游，所控制的林区的生存和发展必须依托当地的森林资源，牢牢抓紧发展机会，抢先占据新的市场，实现经济效益最大化。林场可以在提供伐区剩余物和部分原木的同时加强工业原料林基地建设，也可以与当地农民及林业职工签订合同，利用路旁、村旁、宅旁、水旁这些边缘地进行造林，由国有林场有关技术部门为其提供种苗和相关育苗知识，并对后期的成熟木材进行收购。这些做法不仅可以为林场发展人造板产业储备充足的原材料，还可以借此降低经营成本，提高经济收益。

四、加大科学技术发展，提高林业产品盈利能力

林场应大力提倡科技兴林，增加对林业科技研究的投入，重金引进各类林业人才，并为他们创造良好的工作环境和生活条件，为科研成果的产生创造良好条件。同时，林场还应大力推广应用现有的科技成果，提高产品的附加值，培育自身的核心竞争力，加快转变科技成果为经济效益，促进林业科技工作与经济工作的紧密结合。

林业科技的发展还可以应对可采森林资源的减少以及燃料、劳动力等生产成本上升的威胁。林业科技的发展，采用先进的技术设备和生产工艺可以优化，增加造林、中幼龄林抚育、木材采伐以及批量造材工作的科技含量，减少对山林土地，生态系统的伤害，以及生产过程中的环境污染，还可以降低产品废品率、原材料和能源消耗，不仅有助于降低林场的成本耗费，而且有助于提高产品质量和市场竞争能力。

五、合理分配林农利益，解决矛盾

林业是国民经济的重要生产部门，担负着重要的社会责任，有亿万农民依靠林业生存。所以，要积极探索研究林业的发展路径，创造发挥林业的经济效益，以解决林区农民的生存问题，为林区农民提供收入来源。

在广西，很早就有国有林场进行场外租地造林的行为，在一开始，付给场外租地所有者（大部分为当地农民）的租金费用相对较低。但是，随着时间的推移，以及租地市场的发展和租地拥有者商业意识的强化，早期的低价租地费用已经不符合租地所有者对土地价值的经济预期，矛盾冲突因此出现，给林场带来了诸多不利。相应解决方法有，与租赁地块的拥有者签订合同，让租赁土地的拥有者参与到场外林场的经营中，林场与租地所有者进行合作，可以选择联合经营模式、单租模式，抑或是租赁和参与相结合的经营模式，让土地拥有者在经营中获取稳定的收入来源。让租赁土地的拥有者参与到生产经营中来，公开场外林场经营财务制度，有助于他们全面了解林场的经营状况。同时，应加强与租赁地块拥有者之间的交流与沟通，设身处地为其着想，切实解决其困难问题，还可以对他们进行培养教育，提高他们的认知水平，增强他们对林场的认同感和归属感。

加大资金投入进行基础设施建设，改善林场职工的生活水平。一是从 2010 年开始在 150 多个林场实施危旧房改造，累计开工建设 25728 户，中央和自治区财政每户分别补助 1 万元。进行区直林场场部基础设施建设，完成一批办公用房、水电设施、道路、绿化等项目。争取中央投资 3000 多万元，新建了一批等级公路，解决了 51 个国有林场饮水安全和饮水困难人口 2 万人。二是加大资金扶持力度。自治区优先将防护林、珍贵树种、造林补贴、森林抚育补贴等工程项目安排给贫困国有林场，仅 2011 年就安排项目资金 1.4 亿元，完成造林、抚育面积达 400 多万亩。争取银行贷款贴息政策，每年国家安排全区国有林场贷款贴息、油价补贴几亿元。三是加强扶贫攻坚工作。"十一五"全区共投入扶贫资金 11 亿多元，在 68 个贫困林场实施项目 199 个，种植特色经济林、速丰林 2 多万亩，发展林下养殖 17 万羽（头），扶持林产品加工项目 14 个，森林旅游项目 4 个，年总产值 5 亿多元；安置职工就业 430 多人，培训职工 1.5 万人次。有 15 个林场、4500 多人实现了脱贫。①

六、完善内部治理结构

（一）发挥管理委员会的职能

管理委员会由场长、副场长、总工程师、总经济师、总会计师（财务负责人）、党委书记、工会主席、团委书记和职工代表大会选出的职工代表组成，职工代表（包括工会主席）人数不少于管理委员会全体成员的 1/3，场长任管理委员会主任。管理委员会协助场长就 F 林场生产经营管理中的重大问题进行决策。其他有关生产经营管理的重大问题，由场长（管理委员会主任）召集和主持管理委员会会议进行讨论，集体决策。防止场长一个人拍脑袋决策。

（二）发挥职工代表大会的作用

职工代表大会是职工行使民主管理权力的机构，是实行民主管理的重要体现形式之一。职工代表大会行使下列职权：对工资调整方案、奖金分配方案、劳动保护措施、奖惩办法以及其他重要的规章制度进行审查，投票决定批准或否决；审议决定有关职工福利的重大事项；选举管理委员会中的职工代表委员以及监事会中的职工代表监事；评议、监督各级管理人员，提出奖惩和任免的建议；听取

---

① 广西国有林场改革发展的实践与展望[J].绿色财会，2012.

和审议场长关于经营方针、长远规划、年度计划、基本建设方案、重大技术改造方案、职工培训计划、留用资金分配和使用方案、承包和租赁经营责任制方案的报告，提出意见和建议。

（三）履行监事会的职能

监事会由广西林业局派出的监事（专职）二名以及 F 林场职工代表大会选举职工代表监事（兼职）一名组成。监事会主席由广西林业局指定。监事会成员每届任期 3 年，其中监事会主席和专职监事、派出监事不得在 F 林场连任。监事会行使职权为：检查 F 林场贯彻执行有关法律、行政法规和规章制度的情况；检查 F 林场财务状况，为了查验 F 林场财务会计报告的真实性、合法性、合理性需要查阅 F 林场的会计凭证等财务会计资料及与 F 林场经营管理活动有关的其他资料；检查 F 林场的经营效益、利润分配、国有资产保值增值、资产运营等情况；检查 F 林场负责人的经营行为，并对其经营管理行为进行绩效分析以评价其管理活动的效益，提出奖惩、任免建议。监事会应充分发挥其监督权。

七、提升林场人才队伍建设

（一）加强林场领导班子建设

林场要想积极地向前发展，离不开林场管理者的正确领导。对于林场领导来说，首先，应该重视林场的管理工作。其次，林场的领导层需要相互合作，各司其职，积极明确领导的权责范围。再次，要公开透明地选拔领导干部，以才能、品德等为选拔标准，择优选用，这样才能建立优质的管理团队，提升其综合素质。最后，还应建立健全《林场领导干部职责》等有关规章制度，落实领导干部竞争上岗的机制，对林场的领导班子进行监督制约，制定相应的奖惩措施。所谓"好的林场领导集体就相当于好的林场"就反映的是这一道理。

（二）完善岗位的管理体系

经营承包责任制度应该在林场得到大力推行，并且要注重目标管理责任机制的建立，让每位职工都有林场管理者的意识，进而让每一位职工身上都承担着具体的管理责任目标。在这一过程中，林场可以建立配套的奖惩激励制度，调动全体职工的积极性，将目标、责任与效能紧密地融为一体，以此提升林场的经营效益。在林场，同样需要推行定编定员机制，根据自身的实际需要设置相应的林场工作岗位，避免出现一岗多人的冗余现象，或者无效岗位过多的现象，可以减少林场的劳动力成本。

（三）落实林场人才培养工作

针对部分人员编制模糊、人员管理不规范等问题，在对广西国有林场改革中就需要改进编内编外人员的管理体制，对不合理、不规范、不适用于现今实际情况的地方，应在借鉴其他地区的事业单位人员编制和管理体系的基础上，及时进行调整。同时还要不断加强对管理人员、技术人员以及其他职工的职业教育与劳动技能培训，增强职员在国有林场改革中的适应力，如经常组织专业知识交流学习会，林场与林场之间进行相互交流学习等，组织开展技能大赛，不断提升全体职工的专业知识水平和综合素质。

八、加强和完善企业信息化管理

林场的数据涉及面很广，包含森林资源信息、木材生产和产品制造信息、单位内部工作人员相关信息等，还包括资源材耗等用于生产决策、管理监督所必需的信息，费用实际开支状况以及预算指标等关键机密信息数据。这些数据对林场的发展是不可或缺的，需要高度重视。而对这些庞大的数据进行人工管理则需要耗费巨大的人工成本和时间成本。因此，林场需要对数据进行信息化管理，进一步扩大企业信息化管理程度，提升企业的标准化管理。

（一）利用 ERP 管理系统进行集中式财务管理

为了减小林场在价值链各个环节的成本，或者发掘产品的价值增长点，国有林场应首先提高对 ERP 集中式财务管理的意识，发挥带头作用，从而使整个事业单位各部门树立全员参与意识，明白实现战略目标并不是单靠财务部门，而是靠整个林场上下都参与到管理中，做好自己的本职工作以确保最终汇总的财务信息的可靠性。一方面在拥有同一个共识的前提下，可以建立符合国有林场实际和特点的标准化管理，设计信息口径一致的集成化管理信息系统，这能提高信息的可比性，防范业务办理过程存在的风险，极大地确保了整个业务流程的安全度。虽然 ERP 管理系统能整合国有林场的人财物等信息和数据以进行优化管理，但同时因为 ERP 核心模块依然是财务，如果使用该系统的员工不具备一定的基础财务知识，也会导致录入过程出现差错。因此要想借助 ERP 管理系统提高林场核心竞争力，实现经济价值最大化，还需提高全体职工信息化认识水平，要对其开展全面深入的信息化教育。另一方面，应加强下属各子单位之间的交流。因单靠一个单位自身进行自我学习总会因视野受限而存在一定局限性，各子单位之间互相交流能增加对彼此的认知和对全局情况的把握，从而促进专业知识的碰撞融合，提高职员对林场的认知程度和工作效率。

（二）实现森林资源的信息化监测

因森林资源时刻处于变动过程中，虽林木生长速度缓慢，但各种天气等环境却时刻可能产生骤变，所以如何根据这些动态变化调整战略，使之能更好地服务于国有林场发展，就有赖于信息监测和分析平台。自 2012 年以来，在广西林业局统一部署下，已有部分市辖区开始使用森林资源管理信息平台，对森林资源实施信息化检测。在今后的发展过程中，广西各国有林场需做好森林资源的信息检测工作，整理好经营档案材料后便可录入建立专题数据库。林场可以小班为基本调查单位，具体分配其所负责统计的区域以尽可能地收集所有林木信息数据以便统一检测和管理，同时，应借助智能化林业调查装备与技术，对森林各项数据进行实时监控，及时根据动态变化更新数据库以期更加客观、全面地反映国有林场的实际经营状况。

第五节　编制国有林场全面预算

一、广西国有林场预算管理现状

以 F 林场为例，自 2003 年起，F 林场开始执行全面预算管理制度，对国有林场进行较为科学化的预算管理。然而，在编制国有林场预算的过程中，仍存在一些问题。如有些责任部门预算编制得不够精确，收支的预算指标都存在不合理之处，进而影响了整体预算编制的质量。F 林场是事业单位，虽然进行企业化管理，但是仍存在监督管理不够到位、财务管理意识薄弱等问题，所以，在执行预算管理的过程中，有些单位或者下属的公司对审批后的财务预算没有引起高度的重视，忽视收入和支出匹配的重要性，入不敷出的现象时有发生，时常出现追加或者变更预算的行为，在一定程度上导致了财政资金使用效益的低下，全面预算的执行并未达到应有的效果。

2015年10月26日，F林场总工程师、某集团副总经理到子公司指导该公司2016年预算编制工作。该副总经理分析了当年人造板生产经营情况和市场销售情况。明确要求该子公司要继续秉着对股东负责任的态度，结合设备产能和市场情况开展年度预算编制工作。另外，还强调无论是产量、质量、成本等目标指标，还是各项非生产性开支，该子公司都要结合今年实际发生的各项数据和明年刨花板销售市场情况，以及原料化工市场情况的预测作为参考，逐一进行分析和考量，确保编制工作高质量完成。该子公司2016年预算编制初见雏形，为2016年的总体经营方向明确了目标指标。

2018年3月16日，某副场长在其延河分场检查指导预算编制工作时，要求分场预算编制要做细做准。该副场长指出，今年是营林分场实行独立财务核算的第二年，各分场要认真总结，不断修改完善，努力提高预算编制质量，坚持做细做准，切实增强预算编制的科学性；同时预算编制要有目标，预算执行合法合规，确保各项工作顺利开展。据了解，林场计财科随即对13个分场开展预算编制核实指导工作，确保有效预防各种风险，严格控制成本费用，实现林场稳健经营和可持续发展。

综上，虽然广西有些国有林场已经开始对林场进行全面预算管理，但是在全面预算管理的整个过程中，其预算管理的水平仍然比较低。而有些国有林场在实际经营过程中，即使有进行全面预算管理的思想，但是，由于种种原因，预算编制工作难以真正展开并据以落实。

二、广西国有林场预算编制程序

（一）国有林场预算编制的逻辑

从逻辑导向来说，预算编制就是在市场分析和国有林场分析等一些客观因素的基础上，结合成本、单价、产量等基本假设条件并根据上述条件推导出国有林场最终的整体预算目标，不同的编制方法下，方案的导向也是不同的，有些是以成本为导向，有些是以销售为导向，但最终导向始终是跟随战略目标的。

总体来说，战略目标导向下的广西国有林场的全面预算管理应该注重业务驱动预算，首先，对林场本年度的生产经营进行合理的规划；其次，在规划的生产经营活动的基础上预估其财务数据；最后，根据预估的财务数据来预测林场本年度的财务成果。业务驱动预算的编制逻辑主要包括以下三个步骤：第一，从国有林场产能和市场需求的平衡中寻求预算决策，这是预算编制的起点。国有林场的运营管理是在追求其产能与市场需求之间平衡的同时讲究社会效益的过程，而全面预算的编制就是以这个供需平衡作为决策的依据，将整体决策进行细化并落实。第二，确定各个责任部门的任务，这是业务驱动预算中最为关键的部分。在确定了年度运营管理方案后，每个责任部门应该落实具体的工作任务和计划，并进行相关的任务安排、计划和预测。第三，形成具体的执行安排，产生预算编制的结果。

（二）国有林场预算编制的方法与流程

F林场实行全面预算管理，全面预算编制采用零基预算、增量预算和固定预算相结合的编制方法，遵循"自上而下、分级编制、逐级汇总"的程序，其中经过"二上二下"过程。

（三）国有林场全面预算的具体编制

F林场全面预算管理的内容主要包括经营预算、专门决策预算和财务预算。预算管理工作方法一般按照预算编制、预算控制、预算调整、预算考核等程序进行。

1. 编制经营预算

经营预算通常也称为业务预算、营业预算，是指国有林场在预算期内（一般为一年）日常发生的基本业务活动的预算，其主要包括销售预算、生产预算、直接材料预算、直接人工预算和制造费用预算、产品成本预算、销售及管理费用预算。

（1）销售预算。销售预算不但是国有林场编制全面预算的起点，而且还在全面预算编制的过程中起关键作用。销售预算是在销售预测完成后进行的，总体来说，林场是在对各种产品历史销量分析的基础上进行销售预测，并且要注重市场销售预测中各产品的未来发展前景。然而，如果在销售预测的过程中，林场忽视了对其产品所在市场的调研与预测，对市场变化也不够敏感，就会使得整个预算指标体系难以与市场衔接，缺乏对市场的应变能力以及弹性。

（2）生产预算。生产预算是在销售预算的基础上进行编制的，其主要是为了满足预算期限内的预估销售量以及期末存货。生产预算主要包括预计期初存货量、预计生产量、预计销售量以及预计期末存货量，其中，预计生产量＝预计销售量＋预计期末存货－预计期初存货。虽然林场生产部门是在其销售部门提供的销售预算的基础上，按照林场产品的生命周期，组织平衡生产能力和安排生产，但通常国有林场的生产和销售是无法做到"同步同量"的，所以以防出现意外需求而导致存货短缺的发生，通常需要一定的存货储备。

（3）直接材料预算。直接材料预算也称采购预算，是指采购部门根据计划期间（年度、季度或月度）内材料的采购数量和采购成本，以生产预算为基础编制的材料采购的用款计划。采购部门根据国有林场的战略目标以及其具体的经营计划确定国有林场所需的资源，按照市场价格，提出较为准确的所需资源的预算数字，将各预算数字进行汇总，最后向上提交采购预算汇总结果，并接受审核。

（4）直接人工预算。直接人工预算是以生产预算为基础，根据既定标准及生产预算等参考资料，按产量确定在生产过程中所需要的直接人工以及相应的人工成本，主要包括产量预计、单位产品工时、人工总时、每小时人工成本和人工总成本。

（5）制造费用预算。制造费用预算通常包括变动性制造费用预算和固定性制造费用预算。其中，变动性制造费用预算是依据生产部门编制的生产预算进行编制的，一般包括直接材料、直接人工等。如有完善的标准成本资料，预算金额＝单位产品的标准成本×产量，如没有标准成本资料，则需逐项预计计划产量所需的各项制造费用。固定性制造费用通常包括场房、设备的折旧费用以及车间管理费用等，与本期的产量无关。

（6）产品成本预算。产品成本预算是在销售预算、生产预算、直接材料预算、直接人工预算、制造费用预算的基础上进行编制的，产品成本预算的主要内容包括产品的单位成本和产品的总成本，这是编制财务预算中预计利润表和预计资产负债表的基础。

（7）销售及管理费用预算。销售费用预算，是指为实现预算期限内的销售量和销售额而必须支付的相关费用的预算，是以销售预算为基础进行编制的。在编制销售费用预算的过程中，需要充分了解销售收入、销售利润和销售费用这三者之间的内在关系，力图实现林场销售费用的使用效率最大化。

国有林场是事业单位，实行企业化管理，所以国有林场在编制管理费用预算的过程中，一方面，要遵从一般企业在管理费用方面所采用的管理模式，分析其经营业务的业绩状况以及整体的经济状况，以求最大限度上做到费用合理化。另一方面，也要考虑到管理费用支出背后所产生的社会经济效益。

2. 编制专项预算

专项预算是指不经常发生的资本支出项目或者一次性专门业务所编制的预算。大体分为资本支出预算和一次性专门业务预算两类。其中资本支出预算是为资本性投资活动服务的，也可称为投资预算。

3. 编制财务预算

财务预算是国有林场的综合预算，是指对国有林场预算期限内的现金收支、经营成果以及财务状况的预算反映，主要是指现金预算、预计利润表、预计资产负债表。它是以经营预算和专项预算为基础编制而成的。财务预算是由计划财务科负责，将各预算责任部门的财务预算进行汇总，形成国有林场总预算目标，可以使国有林场全面了解预算期的现金收支、经营成果和财务状况，并为国有林场的经营决策、业绩考核、资源配置等提供了依据。

（1）现金流预算。现金流预算包括现金收支和筹措、使用情况，反映国有林场在预算期内所有的现金流入和现金流出的情况，以及现金流入与流出冲抵后现金的余缺数的预算。通过对现金流的预算，国有林场在运转过程中不仅能够清楚地了解到各个经营时点对现金的需求量以及在整个经营过程中各阶段现金的流入量，还能够提前做好规划，做到量入为出。国有林场现金流预算的编制通常包括以下三种，即依据资产负债表进行现金流预算编制、依据营业收入进行现金流预算编制以及依据现金流进行现金流预算编制。

现金流预算管理在国有林场运营的过程中发挥着非常重要的作用，现金流预算管理是国有林场日常开展项目、坚持走可持续发展的道路，追求高质量发展的必要条件。因此，在经营过程中，国有林场必须加强现金流预算管理，根据林场发展战略目标，科学地规划林场现金的结构，从而不断地推动国有林场各项业务的稳定健康发展，使国有林场在追求社会效益的同时，也获得其应有的经济效益。

需要特别注意的是，是采用收付实现制对现金预算进行编制，现金预算的准确度与相关业务预算和投资预算保密相连。

（2）预计利润表。预计利润表是全面预算管理体系的核心，也是编制资产负债表的基础。通过编制预计利润表，可以了解国有林场的盈利水平，如果预计利润与最初目标利润有较大的差距，那么就需要调整各部门预算，设法达到目标，或者修改目标利润。

（3）预计资产负债表。预计资产负债表是对国有林场预算期末预计财务状况的一个反映，其主要是为了分析本年度预算所反映的财务状况的稳定性和流动性。在对预计资产负债表进行分析后，如若发现资产负债表中某些财务指标未达到预期，必要时应该对相关预算安排进行调整，力求达到改善本年度财务状况的目的。

三、促进国有林场预算执行的相关措施

（一）对预算组织机构合理分工，完善预算组织机构

预算管理委员会是专门为开展全面预算管理工作而设置的组织机构，其主要职责是负责全面预算管理的相关组织、协调方面的工作。具体包括全面预算管理工作目标的确定、预算审批与下达、预算调整以及内部仲裁等预算决策和调控。从本质上来讲，预算管理委员会是全面预算管理工作综合审定的组织机构，是全面预算管理的最高权力组织机构。在全面预算管理的工作中，一个职责清晰、合理的预算管理委员会就如同掌舵者，能够为国有林场全面预算管理工作指明前进方向，掌控着国有林场全面预算管理工作的大局，在领导、协调、指导、控制各

预算参与方以及保障预算管理工作顺利进行等方面发挥着至关重要的作用。相反，一个职责模糊、玩忽职守的预算管理委员往往在很大程度上会导致国有林场全面预算管理工作方向错误、场内各种矛盾无人调解、制定的决策缺乏大局观等诸多问题的出现。可能会导致国有林场全面预算管理工作无法顺利进行，全面预算管理的效果达不到预期。因此，一个职责明晰、恪尽职守的预算管理委员会在国有林场全面预算管理中是不可或缺的。

F 林场是事业单位，实行企业化管理，公司化经营。但尚未按现代企业制度的公司治理建立"三会"（党委会、职代会、管委会）制度，行政管理上，广西国有林场是执行场长负责制和民主集中制相结合的管理制度。林场场长的主要职责是领导并执行职工代表大会相关决议，制定并执行国有林场的相关管理细则和相关经营的管理制度，审批国有林场的财务，指挥与国有林场生产经营相关的管理工作，对国有林场的相关重大事件，提交党委会或者管委会集中讨论审议。国有林场的最高权力组织机构是决策层，主要是由国有林场管理委员会担任，然而，在国有林场实际经营管理的工作中，国有林场的管理委员会并未真正地发挥其主要的作用。因此，国有林场应该对预算管理的组织机构进行明确分工，使预算管理委员会的职责明晰，从而能更好地让预算管理委员会认真履责，不再当"甩手掌柜"，让其发挥应有的作用，真正做事，提高预算管理的工作效率与质量，从而促进国有林场的持续健康发展。具体来说，有以下两点建议：

一是国有林场在其预算管理制度中应该明确规定预算管理委员会的各项职责，如审议通过与预算管理相关的细则与制度；审议通过年度预算的编制方针，并确定预算的编制程序；审议总体预算方案以及各预算责任部门或单位编制的预算草案，并提出有针对性的改进措施；协调好各预算责任部门或单位在预算编制、执行和考评进程中潜在的或已经发生的各种矛盾；监督预算的考评工作，拟订与预算相关的激励方案并实施等。只有职责明确，才能在预算管理的过程归责到具体人员，促使预算管理委员会相关成员严格按照自己的职责完成相关任务。

二是国有林场应该将是否在预算管理工作中恪尽职守纳入年度预算管理绩效考核指标体系中。通过制度的设计，激发他们对预算管理工作的重视，提高其认真履责的积极性和主动性。例如，在监察审计科做绩效评估时，可以将预算管理委员会成员在相关预算管理会议中的工作态度情况、及时审议预算草案以及积极主动地协调预算管理工作中各部门之间的各种矛盾等具体情况纳入绩效考核指标中。另外，可以建立起有关预算管理委员职责履行情况的惩罚机制，促使其在绩效考核评价和惩罚机制的双重压力下，认真履行其职责，成为做实事的"掌柜"。

（二）提高国有林场预算的执行力度

1. 提高员工的预算意识及重视程度

整体来说，国有林场相关工作人员的预算管理意识薄弱，缺乏大局意识和全面协调发展的理念。国有林场相关管理层与决策层应该充分发挥"领头羊"的作用，积极主动地在国有林场内部培养良好的预算管理的氛围，另外，还应该着重培养林场内部相关部门以及工作人员全面预算管理的意识。具体来说，在成本预算管理方面，可以采取下列几项措施：第一，国有林场全面预算管理的相关管理层以及决策层可以通过采取各种方式来提高内部工作人员预算管理的意识，如电子邮件、内部刊物以及例会等方式，这样不仅能在预算执行过程节约成本、提高国有林场资金的使用效率，而且还能激励员工积极挖掘各岗位的潜力，在保质保量的前提下最大限度地节约各个生产环节的成本，使得林场每项支出都发挥其最大的效益。第二，可以在各个责任部门设置专门的预算管理的岗位，注意培养员工的大局担当的意识，使其更有效地做好本部门的预算管理工作。与此同时，林场应该组织定期的预算管理培训，提高员工关于成本预算管理的基本知识与技能。对于中、高管理人员来说，更应该强调学习预算管理相关的理论知识，通过培训成果测试、培训参与度纳入绩效考核指标体系等方式来提高预算管理的理论水平，强化其预算管理的全局意识。第三，对于生产岗位的人员来说，可以聘请专家或者挑选熟练的老员工对一般的生产员工进行技术操作辅导，以便整体提高生产部门专业操作的水平以及熟练度，在一定程度上不仅能够减少原材料、人工成本以及制造费用等不必要的开销，还能够提高国有林场生产部门工作人员节约相关生产成本的信心与积极性。

2. 将预算指标细化到班组或个人

国有林场全面预算管理工作具有全员参与的特点。从全面预算管理的编制到全面预算管理的执行的整个过程都需要国有林场内部相关责任部门以及全体工作人员的相互参与和配合支持。而国有林场预算管理委员会应该在全面分析各个责任部门具体相关情况之后，再向其传达本年度的具体预算目标，并主张将本年度的具体预算指标真正落实到各相关责任部门的内部班组或者相关工作人员身上，以便更好地实现各层次、更具体的预算任务。

具体来说，将能细分到各个部门成员身上的预算指标纳入林场内部工作人员年终业绩考核评价指标体系中去，并且与将来的个人职位升迁、工资绩效、年终奖等职工利益相挂钩，从而提高林场内部各员工预算管理执行的责任意识和积极性，而对于那些无法细分到具体人员的相关预算目标划分到国有林场内部的各个班组中，再将该指标按照一定的配比方式具体细分到班组内各个成员的年终考核评价指标体系中去。目前，国有林场的主要产品是林产品和人造板，而其中林场的原木和纤维板的销售收入在其主产品总收入中占有很大比重。林场木材的生长周期较长，其中营林造林阶段时期是最长的时段，这个阶段也是林场原木的生产成本主要发生期，原木的成本主要包括林场培育成本、人工成本以及其他成本。在国有林场木材的生产过程中，主要是由林场雇用的农民工负责，特别是在国有林场营林造林的过程中，林场主要雇用一些临时的农民工，他们对国有林场的归属感十分薄弱，甚至对国有林场没有归属感，主人翁意识欠缺。这些临时的农民工文化水平相对很低，在营林造林的工作中，没有成本预算与成本控制的管理意识，所以，具体的预算指标是无法具体落实在他们身上的，就算能落实具体的预算指标，也是达不到预算执行的预期效果。因此，国有林场可以将其林产品的预算目标具体细分到林场内部具体责任部门的相关人员身上，由内部人员具体负责管理与监督农民工成本预算目标的落实，而对于那些林产品生产过程中的正式员工，可以将其成本预算指标落实到具体的生产工人身上。

（三）加强国有林场预算执行过程的控制力度

1. 强化国有林场预算执行过程的追踪与分析

国有林场全面预算管理的整个过程都呈动态。在经营过程中，林场所处的内外部复杂多变的环境随时都可能出现变数，在预算具体的执行过程中，由于代理成本、信息不对称、信息的时效性以及社会经济人等这些不可控变量因素的存在，往往会使得国有林场整个预算过程变得更加复杂。为保证能最大限度上及时地了解林场内部预算管理所涉及的相关信息的动态情况，以及为了能在预算执行的过程进行有效的监督和指导，林场应该对其预算执行的整个过程进行及时、定期与不定期的追踪和分析。在经营过程中，要想各营业活动稳定有效地开展，林场至少需要建立一套完善的配套制度，用来引导以及规范相关执行人员的行为。同样，在预算管理中，林场也应该制定与预算管理相匹配的相关制度，但是，目前国有林场在预算管理方面尚未健全相关执行控制制度，根本无法做到及时对预算执行的整个过程进行有效的追踪与分析。因此，国有林场应该完善相关预算执行控制制度，将其林场内部各责任部门的具体预算执行目标在时间上再次进行细致划分，从而对林场预算执行的整个过程进行及时、有效的监督与分析。

2. 完善国有林场预算的控制制度

预算控制是根据本年度制定的预算收支标准，对国有林场内部各责任部门的相关预算执行活动及时地进行检查和监管，从而促进各部门预算指标的实现。然而，在预算执行方面，国有林场尚未建立较为完善的全面预算管理的控制制度。因此，建议国有林场完善预算管理制度中针对预算管理执行的具体规定，应特别关注预算执行过程中的追踪与分析环节。在预算管理制度中已明文要求国有林场预算监督部门、监察审计科和计财科应该定期对其成本预算进行分析总结和进度追踪，但是对不定期追踪监督方面却没有明确规定，这对相关执行人员来说，仍存在可操控的空间。

（四）健全国有林场预算考核评价机制

预算考评是预算考核和评价的总称，是对各个责任部门预算执行结果进行考核和评价的机制。预算考核评价虽然只是预算管理整个过程中的最后一个流程，但是对整个责任部门相关人员以及未来林场预算执行具有非常重要的作用。一套科学合理的预算考核评价体系是必不可少的，只有相关预算考核评价的指标科学合理，并据此进行评价和奖惩，才能给预算责任人员带来压力与动力，促使其尽职尽责地配合及完成预算管理的相关工作，才能通过对预算管理工作的反思与总结，为将来林场的生产经营活动提供借鉴参考。因此，建议国有林场建立一套合理的预算考核评价指标体系、引入负向激励方案、建立预算偏差考核制度。

1. 改进预算考评指标体系

在目前已有的管理绩效考核评价的工具中，平衡记分卡是相对较为健全的评价工具，平衡计分卡是以单位的战略为基础，主要解决如何有效评价绩效和如何成功实施战略这两个问题，其本质是清晰阐明单位的战略，以财务层面为起点，逐层界定运营流程、信息数据框架等能驱动改革的相关因素。它是一个可自上而下和自下而上转换、反馈的工具。因此，国有林场可以将平衡计分卡的考核评价思想具体运用到预算考核评价的指标体系之中，在国有林场进行全面预算管理的工作中，应该将预算的各个环节，如编制、调整、执行、分析、考核评价等进行科学有机结合，使其协调一致，从而实现各项因素和指标的平衡，包括财务与非财务、短期与长期指标等，在一定程度上更好地促进国有林场预算管理工作达到预期的效果。

2. 引入负向激励方案

在国有林场预算管理评价中，应该建立一个完整的预算执行激励方案，而完整的激励方案要同时在正向和负向上都设计有激励方案，其中，正向激励是指给予林场内部工作人员的物质与精神奖励，认可其在预算管理工作过程中的工作表现与态度；而负向激励则是指对国有林场内部的相关工作人员进行警告和惩处，对相关工作人员在其工作期间的拙劣行为与态度进行批评或制止。在全面预算管理的过程中，如果对工作人员只存在正向激励，那么当正向激励的设计不够科学、周全、实用时，正向激励就无法达到预期的效果。另外，从经济学的角度来看，社会人都是"经济人"，追求自身经济利益最大化的意图驱使着其行为方式，如果员工对设置的正向激励不感兴趣或者不符合其利益追逐的心理，那么即使正向激励设置得比较全面、合理，该激励也如同虚设，无法促使其在具体预算管理的工作过程中尽职尽责。而如果只有负向激励，那么员工就会缺乏积极向上的动力，凡事不求优秀只求合格了。因此，只有正向与负向激励相互协调作用，才能更好地提高相关预算执行人员的积极性。

就目前状况来说，国有林场现有的激励方案通常主要包含正向激励，而相关负向激励的内容是空缺的，正如前文所说，这样是无法让激励发挥其应有的作用。国有林场应该将负向激励的思想融入预算执行过程中的绩效考核指标体系中去，将最终的预算考核结果作为林场内相关人员在绩效薪酬和职务晋升等方面的重要参考基础。比如，在具体的工作中，一方面可以对那些预算考核结果优异，工作绩效突出的职工给予奖金或实物激励；另一方面，对那些在预算管理过程并未达到具体预算目标或者预算考核评价很低的工作人员给予应有的警告或者惩处。美国心理学家亚伯拉罕·马斯洛曾在《人类激励理论》论文中提出，人的需求具有多样性的特点，所以在工作环境中，不同的工作人员因为其层次不同，需求也有所差异。因此，根据绩效考核结果给予的奖励的形式也应该是多样的，单独依靠金钱进行奖励或惩罚是难以达到预期效果的，对于中、高层管理人员来说，以金钱形式进行的奖励或惩罚所产生的边际效用不大，未必会促使其改变现在的工作行为。应该将绩效工资、职位升迁等与员工利益相关的多种措施与预算考核评价联系在一起，根据预算考核评价的结果，对不同层次的人采取不同的负向激励措施最大限度地提高激励的边际效用。比如，可以参考预算考核评价结果的最终排名情况，对于排名靠后的低薪酬的工作人员采取扣绩效工资与奖励、通报批评或者开除等负向激励方式。对于排名靠后的中、高管理层人员，则采取推迟或取消职位晋升的资格等负向激励方式。

3. 建立预算偏差考核制度

在预算执行过程中，时常出现经营过程中的实际生产、成本以及销售与编制的预算存在诸多差异，导致这一现象的原因并不是单一的，是所处的内外部影响因素综合作用下的结果。而这些内外部因素又可以进一步根据能否被生产、成本销售预算责任方控制具体分成两大类别。因此，在进行绩效考核评价时，应该充分分析造成该结果的根本原因，做到具体情况具体分析，如果是市场整体行情突然发生变化或者由于供、销货方偶发性地非正常的行为导致预算执行的相关人员没有达到预期目标，造成预算偏差，应该要从人情化的角度去正常衡量，不将其归咎于预算执行的相关人员身上，避免考核评价过于刻板化、无人性化。而对于那些在可控范围内造成的预算执行偏差，应该归责于具体的人员身上，将偏差纳入其绩效考评当中。

因此，国有林场应该立足于本年度重大事项的具体报告分析情况，通过对年初编制的预算、相关具体预算目标具体执行的表现情况、年终预算的执行结果以及执行过程中的协同程度等方面的具体分析，最终计算得出考核指标数值。国有林场应在预算考核评价的指标体系中加入预算执行偏差率指标，要深入地分析该预算偏差产生的最终根源。具体而言，在对预算执行结果进行考核评价时，负责考核评价的相关部门应该收集相关资料，对最终得出的相关绩效考核指标的异常表现值进行分析，深入挖掘其中的缘由，再从相关责任人员不可控因素和可控因素两个角度来具体分析考量，对各相关责任方由于不可控因素导致的实际情况偏离预算指标的情况，如果经确认属实，则将其不纳入最终考评的依据中。对属于责任人员可控范围内的预算偏差不予剔除，仍将其纳入最终的考核评价依据中，使最终的预算考核评价结果具有真正的参考意义，应在矛盾普遍性原理的指导下，具体地分析矛盾的特殊性，并找出解决矛盾的正确方法。另外，负责考评的相关工作人员应该认真核实造成预算偏差原因的真实度与可信度。

第四章　成本管理

第一节　广西国有林场成本管理情况及特征

一、广西国有林场成本管理情况

国有林场作为修复和建设生态的核心力量，在以生态建设为主的林业发展战略的实施过程中，其经营机制、管理体制、发展模式等方面得以改善。至2014年，广西全区国有林场总收入为73.4亿元，占全国林场总收入的38.6%，排名第一。其中第一产业收入为20.56亿元，第二产业收入为9.77亿元，第三产业收入为10.14亿元。广西国有林场形成了以营林为基础，人造板产业为龙头，第三产业协调发展的"林工贸一体化"发展格局。林场通过科学经营，培育优质种苗，优化树种结构、建设造纸原料基地、速丰林产业等项目，充分利用森林资源，做实林业第一产业。林场主要投资建设纤维板、刨花板、胶合板、细工木板等人造板生产线，发展林产品精深加工，向下游发展松脂、松油等副产品市场，做强林业第二产业。林场通过整合森林资源，搭建广西新型投融资平台，进行农林业金融投资，大力发展林业物流、小额贷款、租赁服务、房地产与建筑工程、园林绿化工程、森林旅游、林产品国内贸易、进出口贸易等，做活林业第三产业。

广西国有林场目前主要从事林木产品（主要是木材）及人造板的生产和销售，此外还涉足贸易、物业出租等第三产业。F 林场的主营业务主要包括林产品和人造板，其中人造板的销售收入占比约 60%，而人造板成本占主营业务成本的 70% 左右，由此可见，人造板行业的发展前景对林场的生产经营活动影响较大。林产品主要包括木材、木片、原木、苗木和经济作物，其中木材的销售收入是林产品收入的最大来源，苗木的收入占比较小。林产品成本由林木培育成本、人工成本及其他成本构成，其中林木培育成本是林产品成本的最主要组成部分。林木培育成本中肥料和苗木占主要组成部分，其余主要由从事营林造林工作的一线职工及管理人员为组织和管理所发生的间接费用即制造费用构成，而工棚工具、农药、除草剂等费用占比较小。人工成本主要包括造林过程中的整地、栽植、垦带、除草、施肥等工种所支付给施工队的劳务费。

F 林场依托丰富的林木资源，陆续投资建设纤维板和刨花板等人造板生产线，是广西壮族自治区产能规模最大的人造板企业。林场目前具有 6 条纤维板生产线和 1 条刨花板生产线。从生产成本来看，林场人造板的生产成本主要由原材料、能源、折旧、制造费用、人工成本构成，其中原材料主要包括薪材、尿素、甲醛、石蜡等。原材料的成本占生产成本六成以上，是影响人造板生产成本最重要的因素。

F 林场所管辖的子公司林业企业，其生产经营过程与一般的制造业企业存在较大差异。一般的制造业企业的生产大多采用外购原材料，再把原材料加工成半成品，再经过加工得到产成品的流程。然而，F 林场设有育种机构，根据实际情况，可以通过自建自营或合作共建两种营林造林的方式自行供给大部分原材料或产品，少量从外部采购。林场将可供出售的林木资源直接在东盟电子交易平台上挂牌，客户摘牌后需全额预付采购款，然后在林场监督指导下进行林木的采伐和运输，大大降低林场自行采伐的成本和人工费用。

二、广西国有林场成本费用核算

为全面贯彻落实党的十八大、十八届三中和四中全会精神，广西国有林场按照中央的要求稳步扎实地开展国有林场改革工作，至今改革目标任务基本完成。经过优化整合，全区的国有林场的数量从改革前的 175 家减少到改革后的 145 家，其中有 52 家属于公益一类单位，84 家属于公益二类单位，9 家继续保持企业性质单位，至此广西国有林场公益类比例超过 93%，符合国有林场由主要以森林获取经济利益转化向主要以森林提供生态服务的转型导向要求。属于公益性事业单位国有林场，其成本费用主要组成成分包括营林成本、营林管理费用、营林业务支出三部分，细分之下则是包括在进行林苗木生产过程中发生的育苗、造林、抚育、管护等各项开支，开展营林活动和其他活动过程中发生的资金耗费和损失。

（一）营林成本

1. 营林成本的项目构成和核算内容

营林成本主要核算苗木培育、造抚、管护三部分的成本费用。苗木培育成本是设有育种机构的国有林场自行培育苗木过程中发生的必要支出，具体包括催芽、整地、作床、播种、插条、育苗、换床、育大苗等一系列流程发生的人工费、材料费，以及苗木出圃阶段田间管理所发生的必要人工费、物料费等。造抚成本是从造林开始到成林验收合格为止期间所发生的必要费用，分为造林费用和抚育费用。造林费用是林木郁闭前的造林作业费，具体包括调查设计、整地、栽植和补植、新造林抚育等；抚育费用发生在造林之后到成林验收合格之前的作业费用，具体包括松土、施肥、除草、抗旱、防冻等。管护费用是林木成林验收合格之后至达到预定生产经营目标前发生的费用，是为了保障林木健康成长而采取预防和消除森林的各项破坏以及灾害的措施，以便最大限度地避免或减少森林资源损失所带来的各项不必要支出，具体包括森林管护费、营林设施费、抚育间伐费、良种试验费、调查设计费和其他管护费等。

2. 营林成本的核算对象

营林成本核算对象的选择是多元化的，国有林场应当依据生产经营特点和管理要求，将营林生产经营活动过程中发生的材料费用、人工成本和间接费用按照不同类型的林苗木相应的林种、林班（小班）、树种、面积、蓄积量等确定具体的成本核算对象，设置合适的成本计算单核算生产成本。

3. 营林成本的核算方法和核算期

依据《国有林场（苗圃）财务制度》规定，公益性质的国有林场应采用制造成本法核算林苗木的生产成本。林场应根据林苗木生产组织特点，一般对发生的营林成本按照月份进行核算，而有特殊要求的可按照季度或年度进行核算，但要求每年度进行营林成本的核算与结转。

4. 营林成本的分配与结转

林场根据获取的本期所有领料单、营造林项目完工验收结算单、生产过程中统计记录的本期新增造林面积、本期活立木蓄积生产量和采伐量等数据计算出培育成本、造林成本、抚育成本，在林木、苗木验收合格时将其结转至相应的林木、苗木资产成本，在"营林工程——林木（苗木）生产成本"科目下核算，在"林木生产成本"科目下按照树种与林中种类设置"消耗性林木成本""生产性林木成本""公益性林木成本"；验收合格后至达到预定生产经营目的前发生的管护费用采用先累积后按应对标准（如面积、蓄积量等）分摊转入相应的林木、苗木的营林成本或营林业务支出。

（二）营林管理费用

营林管理费用是对林木采伐或达到预定生产经营目的及其后续加工、保管、销售等管理活动中发生的各项费用进行核算。

1. 管理费用

管理费用包括工资、辅助工（民工）工资、工会经费、住房公积金、职工保险费用、劳动保护费、福利费、劳动保险费、办公场所费用、办公费、差旅费、通信费、会议费、车辆费（公务车运行维护费）、业务接待费、学习培训费、证照年审费、防火经费、租赁费、联防费、低值易耗品摊销、计生经费、安全生产经费、党建工作经费、团委活动经费、交通费、技术服务费、税金、开办费、广告宣传费、诉讼费、慰问费、科研经费、刊物及会费等费用项目。

2. 财务费用

财务费用包括金融机构借款利息、内部借款利息、筹资辅助费用、存款利息、汇总损益、业务手续费等费用项目。

3. 营业费用

营业费用指公司在销售产品过程中所发生的各项费用以及销售机构的各项经费。具体包括：运输费、装卸费、包装费、保险费、广告费、展览费、租赁费、销售机构人员工资、差旅、办公、接待等费用。该费用需通过预算加以控制，结合质量管理及贷款回笼速度加以调控，按月计入当期损益后无余额。

（三）营林业务支出

营林业务支出是对林场在销售林苗木、林产品、买卖青山、林地流转等发生的成本费用予以归集，并按照林木面积、产量、年限、蓄积量、千株数等标准进行分配。林场应该对生产性林木资产合理确定其使用寿命和折旧方法，不考虑预计净残值，消耗性林木资产和公益性林木资产不计提折旧。

三、广西国有林场成本特征

与一般的制造企业相比，国有林场的成本具有以下几个主要特征：

（一）原材料成本占比较大

广西 F 林场是广西规模最大的国有林场，其主营业务主要由营林和人造板两大板块组成。营林成本由林木培育成本、人工成本及其他成本构成，其中林木培育成本是林产品的最主要组成部分，2010～2016 年林场林木培育成本占林产品成本比重在45%～50%。该林场人造板板块的纤维板和刨花板产品的产销模式及原材料构成等基本一致。从生产成本角度看，人造板的生产成本主要由原材料、人工成本、能源、折旧、制造费用等构成，其中原材料在 2010～2016 年占总成本的六成以上。林场的原材料易受到市场供求和价格波动等因素的影响，致使总成本波动较大，林场的经营管理由此面对挑战。

（二）行业的特殊性加大产品成本

国有林场依托丰富的森林资源，具有其特有的生态责任，在森林面积、森林蓄积量、商业性采伐量等方面受国家政策和公众期待的约束。中国目前实行的是林权管理制度、森林采伐限额管理制度、木材采伐许可证制度等，全面停止对天然林商业性采伐、人工林限伐。F 林场的林木砍伐数量受限，从外部购买原材料的成本和公益林营林造林成本将增大。除此之外，广西壮族自治区对林木采伐，还有特殊的规定：广西壮族自治区行政区域内的林木砍伐须由自治区林业行政主管部门预留用于解决因自然灾害、森林经营保护、占用征收林地等对全区年森林采伐限额总量5%的需求后，其余年森林采伐限额应分散落实到各编制单位，以文件形式将森林采伐限额下发给各国有林场，未经批准的不能超过限额采伐。各国有林场到相应的林业部门办理采伐证，其中自治区直属国有林场场内国有林地上的林木采伐，由自治区林业行政主管部门审批并核发林木采伐许可证；县直属国有林场内国有林地上的林木采伐，则由县级林业行政主管部门审批并核发林木采伐许可证。因此，若当年采伐蓄积量达到林木采伐许可证规定或采伐证受理过慢都会影响林场的正常生产，此时 F 林场就需要增加外购原材料量以满足正常生产，从而增大从外采购原材料的成本。

（三）下游行业对产品成本的影响较大

纤维板下游行业包括家具制造业、房地产业、建筑装饰业等，其中大部分是房地产行业的配套产业。然而，在国家相关房地产市场政策调整的背景下，国内房地产投资增速放缓，尤其是在重点城市实行"限购"、"限贷"等政策，降低住房、商用房、木质家具等需求量，进一步影响纤维板的市场需求。纤维板的未来发展前景受到国家对于地产行业的政策变动影响仍然较大，国家对房地产投机行为的打击，使得纤维板价格相应地受到一定程度的打压。由此导致滞销、库存积压等，致使林场的收入降低、存货储存成本上升，资金流转受阻，机会成本增加。

（四）自然灾害对林产品成本的影响大

广西地处南疆，是中国重要的林区。国有林场大多位处广西沿海位置，每年7 到 10 月易遭受台风袭击，对森林资源造成不同程度的影响。近年来台风及强热带风暴造成广西国有林场的多处林木连片折梢、折枝、翻根倒伏。林地在遭遇自然灾害后，需要投入人力、资金来救护和恢复森林；同时，原木的采伐和原材料的供应因林木毁损而受影响，使得林场需要从外部补充原材料以维持正常经营活动进行，生产成本增加。此外，林产品主要以天然林木为原材料，易受森林火灾、病虫灾害、旱灾、涝灾等自然灾害的危害，影响原木采伐以及原材料供应，从而影响森林资源经营产业及林木加工产业，给林场带来损失。目前，F 林场在归纳总结历年各种类型的自然灾害基础上，已初步建立了一系列应急预案和规章制度以应对森林火灾、病虫害、气象灾害等，自行在各林地周边建设防火线或防火带，建立了专业的森林消防队，并对场外造林易发生火灾的林木办理森林火灾保险，并开展相关的森林害虫防治工作。

（五）林场需设立森林安全和生产安全专用资金

林场拥有较大森林资源，且大多数处于偏远地区，若管理监督不当易滋生偷采盗伐等不法行为，给林场带来经济损失。为防范此类案件，林场需安排一定的安保资金，并且对失职、渎职、玩忽职守等行为，严格问责追究，依法严肃处理。此外，林场的生产经营场所是重点防火单位，虽然制定了严格的消防安全管理制度，但是由于行业特殊性仍然不能排除发生火灾的可能性。为减少森林火灾的发生，林场必须将森林防火成本纳入林场的成本预算，做好资源管护及森林防火力量的配置，全面细化责任，制定合适的奖罚制度，提高管护人员的积极性。除此之外，林场还面临其他生产风险，主要包括：人造板粉尘爆炸、人造板火灾、人造板机器伤人、人造板高空作业坠落、人造板锅炉爆炸、林区道路交通事故等。

第二节　广西国有林场成本管理存在的问题

一、管理体制和经营机制不尽合理

国有林场当前存在管理体制不顺、经营机制不活、功能定位不清晰、林场属性不明等问题，进而导致国有林场政事、事企未分，管理混乱，经济效益低下。由于国有林场的属性界定不明，削弱了地方政策支持国有林场工作的力度，为地方政府的工作增加难度。根据改革要求，国有林场的主要任务是实现两大重要转变，其一是林业发展模式由木材生产转变为生态修复和建设；其二是国有林场的经营性转变为社会公益性。然而，国有林场在管理上仍然是实行事业单位的企业模式，模棱两可的"企业不像企业、事业不像事业"性质，使得企业性质国有林场的运作效率低下，无法满足经济市场所需，阻滞了其发展空间。

广西国有林场的森林资源实质为国家掌握控制权和所有权的资产，各级林业行政主管部门是代表国家行使对该森林资源的所有权，而林业行政主管部门管辖范围内下属的国有林场则是对该森林资源行使经营权和管理权，但国家由于受到信息、利益、人力等多方面因素限制，给予林业行政主管部门以及其下属的国有林场无偿平调、占用，甚至出卖林木、土地等资产的机会，造成国有资产流失。由此可见，国有林场的森林资源的所有权和经营权实际上同属一个主体，名义上是国家所有，实际上是国有林场森林资源"所有者缺位"、"内部人控制"。导致国有林场的权、责、利不明，缺乏有效的监督制约机制，引发国有林场经营管理、投资收益等方面的问题。此外，林业行政主管部门出于国有资产保值增值的考虑，对国有林场进行微观管理和直接管理，而过度干预林场的经营管理，不利于林场的发展。近年来，国有林场积极探索体制、机制、资本运营和经营模式的创新，其各项经营收入不断增加，产品多元化发展、产业结构逐步得到改善。因此，不合理的管理体制和经营机制是制约国有林场发展的关键因素之一。

二、缺乏现代成本管理意识

绝大部分林场未对成本进行统筹管理，成本管理意识淡薄。成本管理具有全员性与全程性，成本的预测与计划、控制与核算、分析与考核需要整个林场的参与协作，应以企业业务为基础，将成本管理嵌入业务的各领域、各层次、各环节，真正实现责任到人、严格控制。而林场管理决策层往往把成本管理涉及的这一系列工作推给财务科，仅仅负责成本审批工作。林场在对成本进行管理过程中，由于财务人员缺乏对具体业务了解，在成本核算过程中经常出现成本基础信息记录不完整、信息失真，而分管财务的领导缺乏全面系统的财务知识，由此传递给上级管理层审批人员诱导信息，致使其盲目审批。这些现象在林场中普遍存在。此外，林场管理层未及时发现并纠正制度规定和实际操作不一致的现象，而财务人员等易受个人利益驱使，综合素质参差不齐，运用制度漏洞谋利，给林场带来损失。

三、产业结构有待进一步调整

随着中国消费层次和结构的不断升级，中国对林产品的多元化需求为林业企业提供了广阔的发展前景。2017 年全国林业产业总值突破 7 万亿元，第一产业的产值贡献最大，第二、三产业的产值增速较慢。经过不断地优化整合，总体来看，林业行业中第一、二产业占比呈现下降的趋势，第三产业占比呈现上升的趋势，这恰好是国家强化林业资源生态功能的政策导向的预期结果。

广西 F 林场经过多年发展，各项事业都取得了不错的成绩。F 林场在第一、第二产业展现出强有力的竞争力，实际控制的林地面积位列广西国有林场首位，形成较强的规模优势，同时，近年来还充分发挥自身资源优势和区位优势，大力发展森林旅游、林下经济等林业特色产业，优化产业结构，实现多元化经营。但是，《国有林场改革方案》对国有林场提出生态优先的发展原则，这势必影响到目前国有林场的产业布局。按照改革要求来看，国有林场普遍存在第一、第二产业发展劲头十足、第三产业发展缺乏活力的特点，不利于林业的长远发展，应该积极投入第三产业的发展，重视森林生态旅游业，开创新兴林业产业，以适应林业改革的需要。同时，大多数国有林场现有的森林公园经营情况并不理想，仍处于较低发展水平，实现林业"生态"和"休闲"的双重价值和功能定位任重而道远。目前森林公园的主要收入构成是观光旅游，以门票和食宿的途径获取收入。除了极少数具有传统的景观资源优势的森林公园的经营良好之外，大多数森林公园经营形势难尽如人意，亟须解决困境。

四、营林成本核算混乱

（一）营林成本核算工作繁琐

国有林场占地面积大，森林资源丰富，有些林地地处偏僻位置，而林场大部分生产经营活动又在露天进行。恶劣的生产经营环境和丰富的森林资源给林场成本相关原始记录和存货计量验收管理带来巨大挑战，加上野外作业不同于一般制造业的标准化生产，导致成本管理流程灵活性较高，使得成本管理的效率较低。

林场成本的核算依赖于林场自身的素质，如果林场产权结构不清晰稳定，不利于林场业务的稳定开展；林场的法人治理结构不完善，场长缺位，缺乏监督机构等，都不满足林场现阶段的经营发展要求；林场的管理水平低下，管理制度不详细，内部控制不严格等，都不利于林场战略规划的有效执行和持续稳定运作。林场自身综合素质不强，那么林场的成本管理过程中的成本费用归集和分配必然受到影响，进而导致成本核算的可控性减弱和核算工作的繁琐程度增加。经过调查数据分析，高达 1/3 的国有林场认为其营林成本核算的工作复杂，需要消耗大量的人力、物力和财力，目前的营林成本核算可能不适应国有林场的现状，不利于国有林场更好地执行成本核算的相关规定。

（二）营林成本核算对象多元化

《国有林场（苗圃）财务制度》规定国有林场可以根据林场的特点，选择林种、林班（小班）、树种、面积、蓄积量等确定具体的成本核算对象。国有林场的成本核算单的制定没有统一的标准，可自主选择。其中，由于国有林场林区内通电、通信、通网、规模等多方面的限制，使得会计电算化在部分林场运用效果不理想，使其选择小班作为成本核算单。河流、山脊等自然地形地貌把林区划分为面积大小基本一致的林班，方便林场对森林资源进行统计管理和合理组织林业生产。由于许多林班的成本费用归集和分配基本一致，易形成规范化工作程序，使得林场可以选择林班作为成本核算单。而部分国有林场选择了其他的成本核算单是因为这种选择更适用于或者更简化了成本核算。但是，有一部分国有林场没有成本核算单，使得林场在成本核算过程中是人为决定的、随心所欲的，导致成本核算信息不完整、不准确；还有国有林场是将树种作为成本核算单来确定核算对象的，但由于林业生产经营技术的提高，针阔混交林的不断扩大，致使使用树种作为成本核算单的林场核算难度加大。

（三）营林成本核算不可比

《国有林场（苗圃）财务制度》规定营林成本一般按照月份进行核算，有特殊要求的允许按照季度和年进行成本核算，但用季度进行核算的林场需要每年进行年度核算并结转。国有林场存在成本核算对象选择多样化、核算期的不统一，以及成本核算繁琐导致的数据滞后现象，使得森林资源的成本统计口径的不一致，而成本统计口径的差异性进一步引起了营林成本核算结果的不可比。会计信息质量要求林场会计信息具有可比性。林业行业的不同林场之间由于各林场使用的统计口径不同，导致的会计信息的横向不可比；而同一林场也会由于前后期使用的统计口径不同，可能导致历史数据无法进行比对，即会计信息纵向不可比。成本信息的不可比，微观层面上不利于林场对成本管理的统筹规划，难以分析导致利润波动的影响因素；宏观层面上不利于国家对林业行业的发展实施支持性政策。

第三节　广西国有林场成本管理对策

一、全面深化国有林场管理体制和经营机制改革

通过科学定性定编、人员精减到位、林场内部事企分开等，实现机制体制创新，有效激发林场从业人员的创新能力，进而充分利用森林资源发展木材及林产品加工经营，发挥国有林场的生态效益、社会效益和经济效益。随着国有林场改革地进行，林场需要转变经营机制，改变传统思维模式，在保障森林培育的前提下，密切关注市场供需变化，确保资源优势和地理优势的利用程度最大化，发展多种类经营，积极参与市场竞争，激发市场活力，促进国有林场经济的振兴。国有林场在保护好森林资源为首要原则下，发展林下经济，森林旅游、林木种苗等新兴产业。此外，林场实施科技兴林战略，培育优质的森林资源；开发森林经营碳汇项目，培育碳汇森林，实现与国际接轨。

实现国有林场把各种资源利用潜力转化为现实盈利，要求林业行政主管部门加快职能转变，加强发展战略、政策等制定和实施，减少对国有林场的直接管理和过度干预，给予国有林场干部职工在解困发展过程中充分的改革自主权落实国有林场法人自主权，推进国有林场政事分开、林场事企分开。一方面，林场要理顺第二产业人造板企业关系。林场按照广西林业局统一部署，合理安排各项经营

活动，争取提高人造板企业的盈利能力，实现国有资产保值增值。另一方面，加快清理整顿林场第三产业公司。对长期亏损的场属公司实行关停并转或剥离重组。对"僵尸公司"进行全面清理，切实减轻包袱、提高效率。对效益好且与林场当前工作和下一步发展关系密切的场属公司，按照现代企业制度，完善公司法人治理结构，成立林场投资管理公司统一进行管理，由公司自主经营、自负亏盈，林场履行出资人职责，享受所有者权益。对当前业务与林场责任定位相近的公司，划归林场相应二层机构统一管理。第二产业人造板企业的整理和第三产业公司的清理推动了林场事企分开，此外，林场改革任务还需要剥离林场办社会职能。广西 F 林场从分离代管村—界牌村和推进林场代管医疗机构转型等方面实现林场办社会职能的剥离。F 林场按属地管理原则，与界牌村签订相关协议，并由上级主管部门行文给南宁市，明确将界牌村从 F 林场转入地方管理。自治区林业厅委托 F 林场管理的医疗机构已撤销，林场以医院现有地上建筑物等固定资产入股即持有医院 15% 股权，与广济医院共同组建成一所混合所有制医疗机构——南宁广济 F 医院。林场办经过社会职能的剥离，推动林场政企分开，减轻林场的经济压力。

通过国有林场改革工作，各省林场结合自身的特点探索出一系列有创新性的经营管理体制，包括以资产为纽带的抵押承包经营方式等。政府减少对国有林场的直接管理和过度干预，扩大国有林场探索经营管理机制转变的自主权，给予林场工作人员一定的空间和时间，激发林场干部职工的经营积极性，相信基层一线人员的智慧和创造力，由此探索出真正适合各类林场的体制和机制。对于国有林场成功的改革方案，建议在经验总结的基础上出台改革指导方案以理顺林场的体制及机制。而当林场改革过程中的实际操作与改革指导方案等不一致时，需要上级部门及林场及时调整相关政策，使合理有效的方案合法化。

二、提高员工的成本意识及重视程度

国有林场各从业人员的成本意识淡薄，需要林场成本决策层与管理层重视成本管理，激发林场各成本执行单位、部门及全体员工的成本意识。具体而言，可采取以下几项措施：首先，林场成本决策层与管理层向企业各层级的员工宣传国有林场改革方案,通过发送电子邮件、集中阅读公司内部刊物、召开公司例会、定期开展以节约成本为主题的头脑风暴活动等多种形式让员工深刻意识到节省成本的重要性,强调在企业业务中挖掘各岗位、各生产线、各个生产环节中节省成本的潜能,形成具体的成本控制奖惩办法,让成本节省带来的效益在日常工作中慢慢累积,积少成多。其次,在林场各分单位、部门设置专门的成本岗位,公开聘用或内部培养管理人员、专业技术人员负责本单位、部门的成本工作。同时,定期组织部门培训,向内部员工普及最新的规章制度及成本知识;组织相关的中高层员工学习成本管理理论知识,掌握财务知识,使其能够正确指导成本管理工作。在培训结束后以考试或思想汇报等形式检验员工的培训成果,并将培训参与情况及测试结果与绩效考核挂钩,将成本管理与员工的绩效挂钩,最大限度激发员工的重视成本管理的积极性。最后,聘请专家或在生产组中挑选出经验丰富、技术熟练的员工对一线生产岗位工人进行专业指导,提高生产规范性,减少生产材料、水电、人工成本的浪费。

三、改变产业结构,加强森林旅游为主导的生态开发

林场积极转变产业发展思路,发挥自然生态与文化环境交融的特色生态优势,推动森林公园为主导的生态型林场开发,提升林场的生态附加值。具体而言,广西 F 林场可采取以下几项措施:

(一)发展特色森林旅游

参与环绿城南宁森林生态旅游圈建设,以"动感森林"为主题,着力打造动感森林特色旅游项目,重点建设"一站式"都市森林康养基地、F 动感休闲旅游带、F 森林公园、东升壮乡森林小镇、界牌森林美食小镇、云顶森林体验中心等项目。

(二)发展壮大林下经济

通过编制林下经济发展规划、打造林下经济品牌、建设林下经济示范点、打造林下名优产品营销平台等措施,发展壮大林下经济。

(三)稳步推进林地开发利用

对南宁市周边的林地进行摸底调查并做好利用规划,谋划储备一批项目,以

招商引资或自行建设等形式，全面盘活土地资源，提高土地附加值。

（四）合理调整树种林种结构，有效发挥森林生态功能

一方面，每年用新造林地的 30% 营造杉木、马尾松等乡土树种和珍贵树种纯林或混交林，培育大径级用材林，营造一批优质杉木、马尾松等乡土树种及珍贵树种林分。另一方面，推行近自然化森林经营，即通过花化、彩化、美化逐步将分场场部周边、主干道及社会通道两侧可视一面坡的桉、松、杉树等纯林改造成为景观美丽的多彩混交林。

（五）规范场外造林经营管理

其一，优化整合场外林地林木资源。转让或退出分散且难以管理的林地，收购或租用集中连片、优质、权属清晰无纠纷的林地林木；适当调整林种树种结构，增加松树、杉木等乡土树种面积。其二，降低场外造林投资风险。对拟收购或租用的林地，开展调查及评估；对已收购或租用的林地，规范合同管理，完善造林合作模式。其三，提高场外造林质量和效益。加强造林、抚育、施肥等生产环节监督管理，适当延长桉树采伐年限，提高林木单产；强化资金监管，降低生产成本，提高场外造林质量和效益。

（六）加强公益林管护

探索以政府购买服务的方式进行公益林管护，适当增加经费投入，用于维修林区道路和防火线（防火林带）、为护林员配备先进的通信及定位等管护产品和提高护林员待遇等。

四、优化产品加工运作模式，拓展融资方式，引入人才

（一）优化林产品加工运作模式

林产品加工产业的产值增长空间较大，但由于产品差异较大，产品质量不一，各林场的生产规模较小，没有形成规模效益。随着互联网的发展，林产品加工企业可以借助网络平台寻找适宜的虚拟伙伴，形成多种虚拟合作关系，增加生产规模，发现新的加工运作模式，发挥规模优势。林场不仅可以发挥现有资源的优势，突出主业地位，也充分利用虚拟伙伴的优势资源，安全便捷地进入新的业

务领域。

（二）拓展和创新融资方式

政府对国有林场的持续性财政投入资金有限，无法及时满足林场建设所需的资金。林场承担着特有的生态责任，需要投入大量的人力和物力完成生态公益林营林任务，然而公益林产生的经济效益微小，补偿标准较低、补偿制度尚未完善，资金回收速度较慢，使得林场经济负担较重。资金作为林场赖以生存发展的基础，维持着林场各项生产经营活动的良好循环。林场在完成生态林建设任务的同时，必须依靠森林相关的生产经营活动获得资金，实现经济的可持续发展。因此，相关政策应该允许林场在部分经营环节中进行招商引资，扩大商品林经营权利，拓展林场的业务范围，充分发挥林场资源的最大效益；鼓励农户和林场职工通过合资和独资的方式对林场经济林进行包产量或超产分成的承包经营，职工筹资投入林场建设，激发员工积极性，为经济林市场注入新活力，既解决林场资金紧缺又实现了职工的创收；督促财务部门就林场业务与金融机构加强合作，尤其是银行业金融机构，应给予更多优惠扶持政策等，如增加个人或组织对林业投资的贷款额度，对林场债务利息实现减免等。在当今市场经济条件下，拓宽和创新林业融资渠道，通过资金营运带动其他林业生产要素的优化配置，既可提高资金的内部积累能力，又可增强其外部融资能力，从而实现林业资金的良好循环。结合国有林场资金特点，可通过政策性融资、林业产权融资、信用融资、林业信托融资等方式拓宽融资渠道。从多角度、多方面给予林场资金、政策等的大力支持，解决林场资金困境。

（三）引入人才，优化调整人员配置

人才是林场发展的基础，"用人所长，容人所短，人尽其才，才尽其用"这一用才理念应始终贯穿于林场发展中。把人力资本盘活、置换和优化组合作为一项重要工作来开展，充分发挥人员潜质，最大限度实现林场人力资本的增值。

广西国有林场为广西全区生态建设和森林资源保护做出巨大贡献，其人才队伍的质量尤为重要。然而，广西国有林场人才队伍现状总体不乐观、多忧少喜。编制外人员比例过高，管理类工作人才比例较高而专业技术类人才比例较低，硕士、博士高学历背景的专业技术人才更是严重不足，林场中层以上干部年龄偏大、人才队伍梯队建设缺乏战略性考虑。此外，人事管理机制缺少公平性、透明性，使得拥有专业技术的人才未能进入林场，即便进入林场也由于缺乏人才激励机制而未能完全激发其创造力和工作效率。对此，林场应充分考虑生态区位、面积与质量、主要保护与培育状况、管护难度、生态效能等因素，进行岗位设置，精简人员编制，适当把专业技术岗位设为主体岗位，调整工勤岗位比例，不断优化岗位设置；实行责任定岗，全面细化责任，制定各岗位各工种的行为规范、工资薪酬制度、职位晋升制度和合适的奖罚制度等，提高林场员工的积极性；不断加强森林资源监测监管信息化平台建设，提高森林资源动态化、信息化管理水平；积极争取把林场的基础设施建设纳入当地政府建设规划中，全面加强林场基础设施建设，完善职工社会保障制度，逐步实现分场场部和管护站的林区道路硬化，确保林区生活用水达到国家饮用水安全标准，实现林区通电、通信、通网的全覆盖，由此，职工民生得以明显改善，进而吸引人才，激活林业市场。

五、统一成本核算单

国有林场在营林成本核算过程中，存在没有规范成本核算单而导致成本核算信息不完整、不准确的现象，这需要林场加强成本管理监督力度，减少因成本核算流程不规范、不完整带来的不必要损失。此外，成本核算单的制定标准不统一，虽然在一定程度上可能更方便各林场进行成本核算，但是，林业行业的发展和国家进行国有林场改革需要对林场的成本进行比较，核算单的不一致使得林场的成本统计口径不一，影响林场成本的可控性和可比性，进而加大林场进行成本管理的难度，不利于林场的长远发展。因此，林场应优化成本核算单，林业主管部门制定一套成本核算单标准，使其既方便林场进行成本管理核算又能增加林场内部和林场之间的成本的可比性。

第五章　营运管理

第一节　广西国有林场营运管理的现状

营运资金不仅是国有林场生存与发展的基石，同时能保证林场日常的经营生产循环，还可以为国有林场进行日常经营打下基础。营运管理与国有林场的生产经营和经济业务活动有十分紧密的联系，同时具有举足轻重的作用。因此，林场提高自身的营运管理及内部控制是迫在眉睫的。一般来说，国有林场的资金有一部分来自按照林业法规来提取的专项资金和财政部门提供的补助资金（例如人员差额经费拨款、贴息等），还有就是林业部门提供的补助资金（例如生态公益林的补助资金等），以及在经营活动中获得的自有资金（例如净利润等）。据调查，一些国有林场的专项资金与经营所得占自有资金的比重更大些，而其他另外一些国有林场的各级财政与林业主管部门补助资金占比更大些，资金数额也会受到各个国有林场其自身规模和资源实力等其他因素的影响。由于林场受到了管理体制的长期影响，其一直以来就没有真正地进行有效的资金管理。同时很多的国有林场不知道怎样合理地投资管理资金。因此，我们常常会看到投资盲目、投资项目单一的状况。为此，如果我们真正想要提高对国有林场的营运资金管理的控制力度，那么就需要对资金的使用制度进行真正的规范、逐步完成对管理系统的构建。同时，投放资金时需注意风险管控，从根本上提升营运资金的利用率来提高收益。

营运资金，是流动资产与流动负债的差额部分，一定程度上体现了资金本身的占有状况与资金来源情况。而一般事业单位在流动资产这部分的分类情况是：银行存款、库存现金、短期投资、财政应返还额度（财政直接支付、财政授权支付）、其他应收款、零余额账户用款额度、应收账款、应收票据、存货等项目。而流动负债这部分的分类情况为：短期借款、应付职工薪酬、应缴税费、应缴国库款、应付职工薪酬、应缴财政专户款、应付票据等内容。对于广西国有林场来说，它也是事业单位，因此具有事业单位的一些特征，同时也有国有林场自身的特点，接下来就广西国有林场营运管理的现状来分析：

一、国有林场的货币资金具有较大规模

与其他许多行业对比，事业单位普遍具有其货币资金在营运资金中有较大占比的特点，这取决于事业单位本身性质。我们都知道，事业单位是不以营利为目的的，其货币资金来源于财政拨款。而且，国家在事业单位的各项采购上也有明确的规定，专款专用，很少出现把货币资金用来投资以便获利的情况。因此，事业单位货币资金具有较大规模的特点。

二、产业投资资金回收期长

中国国有林场基本上秉持"以林为主、多种经营、以短养长、综合利用"来进行日常的生产经营。并且，中国的国有林场需要在提升森林资源的过程中，因地制宜地进行种植、开采、养殖、加工等多种服务，同时由于国有林场经营面积较大，林场的经营面积大多都在几十万亩到几百万亩，因此其财务管理采用多种灵活的方法来进行管理。

国有林场的主要资产是木材产品，林场资产中林木资产占了较大比例，从种植到生产林木的周期短则十年，长则几十年，在这个过程中还需要投入大量资金，并且可能会出现森林火灾、气候、病虫害等许多的无法确定因素。同时，造林的收益一定程度上受到市场总体行情及其树木的实际生产量、社会环境等因素的影响，因此这就加大了国有林场财务管理的难度。

国有林场总体来说，本身依赖木材的程度十分高，大多数都以生产木材为主。而且本身的经济基础有些脆弱，对市场波动的应对能力也有不足之处，因此造成了经营收入在总体收入的所占比例较小。而且现在出现了林木产品销售不好的情况，细看下来，实际上是由于林产品本身的结构和品种的单一化，以及生产科技的含量较低，经济产业没有完善的基础，加工生产的档次没有升级。除此之外，林产品的供求信息沟通不顺畅，销售市场没有确切的规模。并且，相当一部分的国有林场在进行销售的时候没有目的性，甚至为了卖出产品，盲目地以非常低的价格销售，这样会严重地影响林场自身的收益情况。

林场的营林造林项目，尤其是商品林的营造林项目，其资金循环周期很长，无法像其他制造业一般能很快将项目成果变现。资金循环周期长的特点实质源于林木本身的生长特性，即资金收回速度取决于林木本身的生长速度，即使是生长较快的速生树种（比如速生桉），走完一个完整的轮伐周期至少需要经过六年左右，这就意味着最快要经过几年的生产过程才能把该阶段的资金收回，这就导致了资金循环周期长且无法人为地进一步显著提速。资金投入生产过程后，在林木未能生长到足以成为商品进行资金转化前，极难在短期内收回所预付的资金。而林木的生长和生产过程都需要不断投入新的资金，一旦资金链断掉，会对整个资金循环造成极大冲击。基于林木成本的特点，一般是前期原料成本高，资金投入较大，到了后期基本是日常维护和最终伐木费用支出，资金投入较小。在短期流动资金有限的情况下，林场必须把项目的资金投资纳入林场长期资金范围进行规划和使用。

三、资金使用结构配比不合理

资金使用结构，是指各种不同用途的资金构成及在资金总额中的比例关系，以及各项资金之间的勾稽关系和影响。一旦资金被投入使用，就会转化成各式各样形态各异的资产，林场应关注应收款、低效资产在资金使用结构中的比例，降低其在资金总额所占比例，同时要注重提高能让资产实现增值保值的高效资金的投入比重，以提高整体投入资金的有效利用率。

营运管理最大的问题是把短期贷款等这类流动资金全部投入长期资产（含林

木资产）投资上，以广西 F 林场为例，F 林场在其中一家工厂建设项目总投入将近三亿元资金，但最后配套资金只到位所需投资额的一半，其余资金均以短期贷款方式来凑齐。之后林场投资的其他人造板项目配套资金也都没能全部到位，反而所有资金都是林场通过举借流动资金来凑齐。

这种以短期贷款资金用于长期投资的融资手段有致命的弱点——因短期贷款要求的还款期限与长期资产的资金回款周期严重不匹配，所以资金链断裂的财务风险极高，而如果资金链断裂，资金供给不足，其将会对整个生产造成极大的破坏。但很多情况是，林场没有对该财务风险采取有效的控制措施，其投资的长期资产项目有一部分都没有设立配套资金，一旦发生资金不足的突发情况，这部分项目就被迫停止，闲置在一旁，又或者林场迫于形势用为数不多的短期流动资金弥补资金缺口，以维持项目进程。凭这样的资金使用方式，即使投入再多的财力，也得不到预期的效果，资金不但无法实现保值增值的目标，还可能因为利用效率低反而造成贬值的不良结果。

国有林场常常被定义为"事业编企业管、自收自支"的事业单位。恰恰是事业单位的职工拿着工资吃"大锅饭"，使得国有林场的机制死板、经营管理不完善，并且对日后的发展造成不良影响。

存在许多不合理之处的工资分配制度，很大程度上限制了人才的技术创新以及开拓精神，早就已经不能适应现代林业和市场经济发展的需要。因而，国有林场人事、工资以及各种分配制度的改革就成为必须迈出的一步。第一，实施岗位工资绩效的分配制度，日常定时对职工岗定薪进行考核，积极打破传统的老旧制度。基于员工完成经济效益的程度和效果来进行奖励，不仅可以提升员工本身的使命感，还可以最大化地激发他们的工作积极度和创新精神。第二，在选用林场领导时，需要由组织部门提名、职工推荐的方法，然后再来签订目标的承诺书。而且每年定时来进行民主测评，一定程度上会提升领导的责任感，并把林场事业当作自己的生命工程，全心全意为其奋斗。也许这样做以后，会对林场的可持续发展产生深远影响。

第二节　广西国有林场营运管理存在的问题

一、资金来源单一，自我资金积累能力差

资金作为林场生产发展的基石，可以说在很大程度上保证了林场的日常生产经营活动。以广西 F 国有林场为例，其资金主要来源于自身经营项目的盈利、向银行等金融机构的贷款、根据相关法规提取的专项资金、财政部门提供的补助资金、林业部门提供的补助资金。

结合广西 F 国有林场的经营状况和发展战略可知，单纯依靠财政部门和林业部门的专项资金和补助是远远无法满足国有林场本身长远发展中的资金需求。F 林场经营项目的盈利主要来源于苗木、木材与人造纤维板的销售利润。向银行等金融机构取得的贷款，绝大部分属于短期贷款，而这些资金又基本都投入长期资产建设项目，无法在偿还短期贷款的时候及时回收这些投入资金，所以如果投资决策出现较大偏差，则可能导致资金链断裂的结果。除此之外，F 林场自身内部的流动资金严重不足，即使周期长的林业资产建设项目成熟，通过销售获得的资金可能又会立即投入下游的人造板厂建设这类同样周期长的投资项目中，从而造成短期内这类投资周期长的项目根本不能实现投资资金回收。长期这般循环积累下来，使得林场自身的资金积累能力偏差。

二、自主产业项目利润薄，投资回报率低

作为兼具生产经营功能的事业单位，国有林场的资金源头主要是自身经营项目的盈利以及政府财政拨款。

广西 F 国有林场经营产业不仅包括经济林、速丰林、人造板、土地与房地产开发、商贸物流等主营业务，还包含有林业设计、肥业、小额贷款等副业。其经营产业领域布局广，且随着各个建设项目开展时间越来越长，林场规模在不断扩

大，对资金的需求也在不断扩大，同时投资资金占用林场资金的比重不可抑制地
渐渐提高。广西 F 国有林场除了原木销售外的其他主营业务收入金额偏低，毛利
率更低，而作为主要盈利来源的原木其生长周期长，导致林场整体资金回笼周期
也长，短期内几乎无法回本，更别提盈利。而这种艰难困境，随着时间推移，如
果不再加以改善，只会越来越严重，最终林场将面临资金不足的局面，其发展也
会受到极大限制。

造成国有林场营林造林工程项目投资收益率低的原因，主要是土地使用费用
高、人工成本高、原材料成本高等一起导致最终营林造林工程成本过高，极大地
吞噬了销售利润。据有关资料可知，中国六十年前（1950 年左右）单位营林造
林所需投资资金最低为每亩 1.18 元，而经过几十年，到 2010 年时却升高到了每
亩 1752 元，后者比前者足足高出将近 1500 倍，平均每年提高 13.2%。

三、库存管理环节存在漏洞

库存管理是指在生产和物流过程中，对商品、原材料、辅料等生产材料和产
品在订货手段、订货数量、订货时间等进行预测、计划、执行和控制的管理行
为。通常情况下，较大的库存量能够在订货和生产环节上降低成本，为生产产能
在合理波动范围内保持稳定。

而且当不同客户提出各种不一样的需求时，大量的库存量优势就显现出来
了，企业就可以生产不同规格的产品。从另一个方面来说，企业积压过多的库存
商品，虽然可以避免无法迅速满足客户需求的情况，但是积压过多也会产生不良
影响，而企业就会产生更多的库存成本。大量的存货容易造成账实不符的问题。
在这种情形下，过多的库存储备量会对营运能力产生负面作用，从而可能会导致
投资回报率降低。目前为止，可以运用到日常经营中的控制存货的方法有很多，
如规划合理的经济储备，管理特定规模下的存款水平，以及管理分类的贷款期
限等。

四、缺乏合理健全的财务管理制度

国有林场长期以来是以营林为基础的方针进行经营，十分看重培养森林资

源，在过去几十年的经营过程中积累了许多经验和教训，但是在管理制度方面还有很多需要改进的地方：

第一，重大事项的执行和决策缺乏制约和分离机制，会产生决策不民主的问题；

第二，采用会计制度比较陈旧，一些国有林场仍然使用以前的会计制度，并没使用现有的制度，没有将会计的许多计量方法与林场的实际状况联系在一起；

第三，没有明确内控中需求的奖惩制度。虽然有一部分的林场存有考核奖罚机制，但是很多在走过场，形式化严重，执行力度和收效均较差；

第四，在设置监督控制机制时，缺少理论与实际结合的考量，因此一定程度上缺乏广度和深度。并且在管理制度的具体内容上也没有与时俱进。

同时，政府越位也是导致国有林场财务管理改革之路遭受阻碍的原因之一。

政府职能，又称行政职能，是指行政主体作为国家管理的执法机关，在依法对国家政治、经济和社会公共事务进行管理时应承担的职责和所具有的功能。目前，林业政府公共部门仍存在严重的政府越位的现象。

国有林场及其下属企业目前状况就是产权残缺，政府越位直接投资企业导致政企不分，无法清晰区分所有权关系和管理权关系，进而扭曲资源配置，导致国有林场企事业单位运行的效率大打折扣。再加上广西国有林场不仅需要承担培育和保护森林资源职责，还承担了额外的社会职能——负责管理开办学校、医院等肩负社会职能的文化教育类、公共卫生类非营利性单位；还要负责新建、维修林区附近的水、电、路这类公共福利设施的投资建设等。其结果是，直接导致了核算的混乱，进而导致管理混乱。国有林场所负责的这些社会职能应由其他行政政府单位进行管理，现今却被政府赋予过多非经济的政治、社会职能要求，这样便使国有林场因被政府用以实现一些特定社会政策目标，要同时完成多项非经济性考核目标而无法专心改进自身的主营业务。

不仅仅是国有林场自身有政府越位现象，国有林场所属的子公司也同样存在政府越位现象。最突出的表现就是用行政单位的那一套体系和管理手段来管理林场所属子公司的生产营运活动、投融资活动、管理决策活动等。林场下属生产企业受林场的政府职能所管理和约束，缺乏自主权和独立性，无法脱离政府调控在市场经济中进行自主发展，剩余索取权的不对应配置导致管理层激励力度不足。

因为政府越位导致企业的剩余收益索取权和剩余收益控制权分离，作为索取方的政府与作为控制方的企业管理层这种权责不对等的局面导致了企业管理和经营效率低。而下属子公司是国有林场林木资源创造附加价值的关键环节，关系到林木资源的利用效率，其管理和发展进而间接影响着整个林业的发展和经济效益的提高。

五、专项资金集中管理欠缺

如今中国与之前相比，提高了对林业发展的重视，相关管理部门在林场的建设项目上，提供了较大的资金帮助。然而国有林场在日常经营活动中，使用财政专项资金上出现了一些问题。这些问题主要出现在，管理专项资金成本高、补助标准较低、难以落实林场配套等。相当一部分的国有林场似乎并没有集中管理这些专项资金，且没有建立单独核算机制。2016 年 2 月后国有林场的育林基金被取消后，一定程度上导致了国有林场在造林过程中缺乏一定的投入保障，影响到国有林场的建设发展。

六、管理者营运资金管理意识薄弱

现阶段一些国有林场将主要精力放在了森林资源的培育上，忽视了对财务管理人员的培养。财务管理人员素质水平良莠不齐，一些工作人员并没有经过专业的财务管理培训，缺乏对财务知识进行全面、系统的学习，无法熟练灵活处理日常工作中的问题。部分国有林场的财务管理人员在日常工作中忙于完成核销凭证、填制各种报表等，并没有发挥出管理和监督职责，这就严重影响到了财务管理人员素质水平的提高。

国有林场的林区地理位置偏僻，一般在远离城市中心的郊区、山区，当林场需要招募对林区地理熟悉，能对林木进行日常维护的工作人员时，通常选择在林区附近地域招募。而该区域分布的大多是村庄，招募的工作人员也基本上都是当地村民，文化水平较低，几乎对所谓的管理没有任何概念。这类员工能完成的工作主要就局限于林区的日常维护和苗木种植，因技术素养不足，不会操控先进的科技设备，因此也就很难谈得上提高技术水平。

内容繁杂的企业营运管理，过程复杂的管理计划制度，要求管理者需要有一定的资本管理知识。然而许多林场的管理者不知道如何提高运营资本的效率。一味地注重运营资本带来的效益，而不关注所产生的成本，将十分不利于国有林场的快速发展。相当一部分的林场不注重管理资金，资金来去自如，几乎没人关心资金营运的效果，因此造成了许多资金不知所踪的情况。而且许多林场散乱归置资金的管理，无法及时正确地监督和管控。

除此之外，造成这些混乱的原因还有：相关主管部门也没制定合理的管理方法，林场本身也无章可循，呈现出一盘散沙、乱象丛生的现象。由于缺乏管理意识、管理制度和管理机构，林场的很多资金来去都是由场长决定，如何使用资金和收益都只有场长和财务科长了解，由此也造成资金使用效率极低。由于制度不完善，投资目的与方向也是随时改变，这就很有可能造成盲目投资且投资失败的后果。还有些林场的资金严重沉淀，库存现金占比过高，资金周转率低，由此使得林场盈利能力不高。

除此之外，林场缺乏资金使用监管制度，资金使用时缺少审核阶段，在重大投资的问题上，没有有效的约束，这可能会造成滥用资金、盲目投资的局面。资金使用过程中的各个环节长时间处于脱节状态，资金的流向和使用情况管理以及监管环节，没有形成一体化。这也使得真正到了检查这一阶段时，常常是走过场，没有真正地在做实事。并且在真正地遇到某些问题时有心无力或是力度不够，这样都会引发乱开支、乱投资等现象。

第三节　广西国有林场营运管理方面的建议

一、优化现金管理环节

效益性管理是构成现金管理的主要部分。现金管理可以用来阻止现金出现不足的情况，还能满足单位在经济业务中的需要。而效益性管理，讲的是现金的最佳持有量（又称为最佳现金余额），是指现金满足生产经营的需要，又是现金使用的效率和效益最高时的现金最低持有量。它是管理成本、机会成本与短缺成本之和，因现金最佳持有量与这三个因素各有正负相关，因此要维持好单位投资资金和留用资金两者的平衡，才可以既能使单位维持运作，又能不过多留有资金造成闲置浪费，从而促使单位的发展更加健康。

如何通过提高货币资金管理效益来提升营运资金管理，它对于单位来说是营运资金管理的重点。第一点用单位持有的资金进行分析，以此来确定最佳方式，将充分地利用闲置资金。第二点在货币资金进行流入与流出时，提高货币的利用效益。第三点集中单位的资金，降低并偿还单位的利息费用。

二、优化存货管理环节

存货管理，即企业对所有的原材料、产成品、半成品来进行管理。提高原材料采购管理，编制完善的采购预算，控制资金的占用率。并且让持有的原材料数量和生产需求数量达到本身的最佳经济订货状态，同时通过采购成本、缺货成本、储存成本、订货成本来管控存货的占用资金额。

需要结合自身真实的情况与能力，林场应该要在其内部建立合理并适用的存货系统。让林场财务人员可以随时了解清楚企业内部的存货情况。这就要求国有林场运用其合理的科学方式，定期整理内部存货系统，还要修改存货系统中不合规之处。因此，存货管理的有效方式，是将林场存货信息与信息系统查到的保持相同。

三、构建合理有效的营运资金管理模式

中国正处于经济一体化飞速发展的时代，这种情况让中国的各个企业都在时代的大浪潮中前进。企业内部需要建立营运资金管理的制度，树立一种健康和积极的心态去管理企业的营运资金，并且还要求其他部门提高对营运资金的管理。合理的营运资金管理模式对一个企业来说是非常重要的。而且企业要对资金进行一定的优化，调整改进资金的结构，并且进行合理的管理，才会使企业的流动资金造成的损失降低直至最小。同时，企业应该建立财务即时结算模式，强化营运资金的管理方式,增强企业资金的扩展和收购能力。

虽然企业的营运资金管理受到各方面因素的限制,但是完善营运管理有利于企业的整体发展,建立良好的内部制度能有效地提供帮助。以此为基础,国有林场需要重视起来,建立科学合理的制度。一方面,企业内部的监管制度需要被建立起来,内部各部门相互影响、相互制约,便可能真正地提高效率。另一方面,建立管理评价分析制度也是十分重要的,由上至下全体动员,从而不断优化营运模式。

(一) 强化资金预算执行力和监督力

根据国有林场各年度的生产计划和经营战略作为预算编制基础,聘请专业人士多方面科学合理评估年度预算金额,制订当年每月具体的预算资金使用计划。还要基于预防自然灾害等突发情况而制订备用方案,以提高预算资金使用的灵活性和国有林场的财务资源的利用效率。

逐步建立以现金流量管理为核心的刚性监督调控体系,强化对预算资金的使用状况的追踪与审查。制定明确的预算执行分析制度,根据重要性和谨慎性原则,对资金的执行效果与预算方案和计划进行对比分析,针对发现的差异和问题保持警惕,不可疏忽一带而过,应进行深入分析,如是重大差异和问题,还应上报上一级监督层以及时反馈资金运行状况和风险,并就纰漏和误差进行及时整改和弥补,确保资金运作方向的准确性。

(二) 完善资金管理体系

林场应该根据"统一计划、统一调度、统一结算、统一借贷"的四个统一原则,制定符合自身情况的资金管理体系,具体是以财务为主体,将采购、生产和销售联系在一起。财务部门应该在其中起联系作用,却不能唱"独角戏",因为林场的生产经营涉及资金运作。只有将各部门有机结合,才能真正地消除障碍,使资金管理达到动态平衡。基于此,财务部门需要统一集中调控来管理资金,实现重点项目能真正地专款专用。

同时应明确资金的内部控制流程,出台资金管理制度,明确资金的管理职能由财务部门来承担,就管理人员和使用人员的职位权力和相应责任进行明确分工和定义。清晰分离各项各级审批权限,使各项资金业务均在授权范围内操作,严格监督并禁止任何岗位越权进行操作，避免资金在监控死角的账外循环，确保资金的结算和使用遵守纪律，处于资金管理制度的监控和管理范围内，实现预算资金在"计划—执行—成果"之间的良性循环。

（三）打造资金信息化管理系统

因国有林场经济业务复杂，本身有多个部门，下属还有各种子公司，因此资金量庞大，必须依靠信息化系统才能有效联系其他相关部门，使得各个系统之间能够交互传递资金的使用信息，并可避免数据的重复统计和抵消操作。在新政府会计制度要求实行"双会计核算"背景下，营运资金管理必须联合会计核算、战略管理、成本管理、预算管理等几个核心模块一起综合信息分析，从而能为决策层分析和管理提供完整可靠、充分合理的参考依据。

在林场日常的财务管理活动中，营运管理是很重要的一部分，其与林场的日常经营息息相关，因此林场需要重视营运管理。在现代财务会计不断发展的基础上，企业开始注重营运资金指标。如果一个企业具有较高的偿债能力，有稳定的业务发展，那么就可能最大化企业的获利能力。所以，想要国有林场可持续发展，需要完善现金管理的体系，并且使其可以有效运行。

四、加强专项资金管理

专项资金应以林业的相关政策规定、发展战略和预算为基础，根据生产建设任务量、林场和下属子公司的发展状况、地方政府对其的关注状况、项目的建设目标、具体内容以及建设难度等因素进行修正。

专项资金可适当合理向资金匮乏地区倾斜，通过定额补助、先干后补等途径支持当地林业的产业发展。但也要具体问题具体分析，分清经济目标和社会目标，遵循择优补助和注重绩效的原则，在追求社会福利，提高当地居民的生活水平的时候可适当降低经济目标；而在以实现国有林木资源的经济价值最大化为主要目标时，国有林场就应采用多方位的经营方式来利用森林资源，实现创收，增加财政收入。

在专项资金使用过程中，时常出现营运过程中的实际生产、成本以及销售与编制的预算存在诸多差异，其原因是内、外部影响因素综合作用下的结果。因此，在进行专项资金绩效考核评价时，应该充分分析造成该结果的根本原因，做到具体情况具体分析，如果是市场整体行情突然发生变化或者由于供、销货方偶发性地非正常的行为导致预算执行的相关人员没有达到预期目标，造成预算偏差，应该要从人情化的角度去正常衡量，不将其归咎于预算执行的相关人员身上，避免考核评价过于刻板化、无人性化。而对于那些在可控范围内造成的预算执行偏差，应该归责于具体的人员身上，将偏差纳入其绩效考评当中，以此来提高林场工作人员的工作待遇差异程度，带动他们的工作积极性。

五、充分利用信息化技术

进入 21 世纪以来，中国的科学信息化在不断地发展壮大，如果将信息化技术应用到林场的日常经营管理中的话，那么就会大幅度地提升财务人员的工作效率。为了达到上述效果，一方面林场需要投入一定量的资金启动，由此来设立属于林场并且适合林场的财务信息化的管理平台。同时可以通过财务工作人员的日常操作及时全面地了解和掌握需要的财务信息，这也能在一定程度上提升工作人员收集信息和传播信息的效率。信息化平台也能为林场管理者想要做出重要的财务决策时提供所需的财务数据分析。

另一方面，国有林场需要定期地让专业人员检查信息化平台的安全性能，以此维护平台内的财务数据信息的安全，防止出现内部消息泄露或遗失的情况。同时需要经常与平台的软件开发商联系，平台软件一旦出现什么问题便能有效快速得到解决。林场也需要定时对财务工作人员进行信息化操作系统培训。毕竟需要对工作人员的操作能力进行提升，也需要培养他们对信息化的意识和思考能力，从而真正认识到信息化的必要性。这样便能定期培训加强财务管理人员的信息化操作能力，使其掌握最新技术，在日常处理财务工作的时候，就能灵活快速地完成任务。

六、挖掘资金价值潜力、提高资金使用效率

根据对广西国有和私有林场的经营情况对比研究可知，一般而言，国有林场资金周转率比私有林场低，其从投入到回收的时间长度也比私有林场长得多。林场希望提高资金的利用效率的话，就要努力挖掘资金价值潜力，才能实现收益的最大化。

衡量资金的管理好坏，可以通过资金利用率的高低予以反映，资金管理的理想状态就是，资金占用少、周转快、效益高。由此可以看出，提高自身的管控能力十分必要，国有林场应该将此实践到日常管理中。应及时消除可能导致收款失败的风险因素，并尽力追回被恶意拖欠和占用的资金。对于已经形成的应收款项，根据不同的情况，查明欠款原因，采用不同的方式解决，尽快收回款项。除上述情况外，需要管理人员培养自身正确的资金管理意识，了解时间价值的重要性，尽可能多地盘活沉淀资金。要想提高资金使用率，就应把投资资金用到实际上最需要使用、收益较高的项目中。而且应积极进行市场调查来寻觅建设周期短、安全性高、投资收益高的投资项目，以实现资金高周转，提高投资资金的使用效率，这样才能达到充分发挥资金的经济效益，创造最大化财富价值。

国有林场拥有广袤的土地和丰富的森林资源，可适当同时培育园林、种植药材等，以此提高土地单位面积利用效率和林场的经济效益。另外，可以真正地结合中国现在的旅游热潮，开发新的旅游项目。而且现在的游客都热衷于回归大自然的感觉，而恰恰生态林符合游客的要求。例如，开发原始森林公园或者与林场生态林有关的旅游休闲观光项目，积极宣传绿色的文明旅游，进一步实现林场发展多元化的管理理念和目标。

随着经济结构的修正，中国在不断地改善生态环境和生态系统。客观上是对林场实际的经济结构提出了符合其现状的转型战略目标。提出了林场应该形成以开发森林绿色食品、发展深度生态旅游和精加工木材工艺品等为主的新型经济产业链。同时需要加快调整林场发展经济的路线，并且以生态发展作为国有林场的主导经济发展方向。优化其产业结构模式，开展形式多样的生态项目，把国有林场转化为集约型林场作为战略目标。实现林场经济的多元化发展，使其成为低碳环保型经济产业链。从而改变林场以前那种依赖于采伐和销售木材来实现收入的方式，通过技术革新来进一步推动林场的产业链转型。例如，对林区的生态土特产的培育、采摘和销售、采伐的木材的精加工，以及林区里的中草药材资源的开发和研制。

七、加大资金的管理和评价力度

每一个投资建设项目都需要投入大量资金，而林场经营的资金支持是首要考虑对象，这势必会对营运资金管理绩效提出高要求。林场可关注自身的营运资金与所管辖的下游人造板材生产企业之间供应链的一致性，从供应链视角优化营运资金的管理方法。

针对资金的管理评价结果体现出来的问题和风险，财务部门需要及时地采取应对的措施和方法，促使管理资金可以处于可持续平稳的常态，由此来保证资金能安全运作，资金的管理成效也能逐步提高。

将有关政府部门同国有林场发展紧密地联系在一起，互相配合，在其位谋其政，说实话干实事，才能把国有林场的资金管理制度真正地建立起来，完善自身的不足。例如，相关的审计监察部门需要对资金投入大、违规次数多的林场定时定量地进行监督。同时需要就使用情况的真实性、合规性、有效性等作为跟踪审计重要的项目。如果被审计的国有林场出现严重违规情况，则会受到严肃处理。如果有违法行为，应该移交司法部门追究刑事责任。同时，依照相关规定，相关的责任人员监管不力、未尽其职应该被追究责任。

八、建立严格的制度体系

要使国有林场财务管理工作得以顺利进行，必须以健全的财务管理制度作为保障。通过完善财务管理的制度，规范监督日常经营活动，这种举措会有效地将目前粗放型的财务管理进化为集约型。

第一步，国有林场需要因地制宜，理论与实际结合，重新制定《财务报销管理方法》、《国有林场财务管理方法》等规章制度，有效明确工作内容以及岗位职责，同时使财务活动的管理更加规范化。

第二步，积极高效地建立财务决策的制度，在其中应该明确决策的程序、依据和决策相关的工作人员的工作内容和权限，由此就可以改善并提高财务决策所蕴含的科学性。并且极其明确地提高对财务预算的认识和重视程度，提高其有利程度，把林场价值最大化作为目标，以此制订预算计划。深刻了解各年度所需要的各种各样的费用，将目标与实际结合，结合该年度的总目标来制定预算计划。之后就应该建立有效严格的内控机制，设立合理科学的财务收支方法。同时又能正确运用收付资金的程序，由此提高内部审计的监管作用，快速发现解决问题。

过去国有林场沿用的会计制度是二十多年前制定的《国有林场与苗圃会计制度》，经过二十多年，市场环境已大为改变，国有林场所使用的旧会计制度已无法解决新遇到的财务问题。而新适用的新政府会计准则与旧的会计制度有极大差异，应严格制定好衔接程序，认真研究新政府会计准则，充分评估国有林场所有可能涉及的调整事项及可能存在的问题，并对涉及营运部分的制度变化所可能产生的影响，设计应对方案。

全面完善林场在财务管理方面的制度及内部控制制度等是迫在眉睫的。把从前粗放型的财务管理工作逐步转化为集约型的财务管理工作，真正地将有法可依嵌入林场的管理制度中，将林场的法制现代化建设起来。同时应该实行公开财务项目的资金的办法，保证资金的真实程度。

还需规范资金使用的审批流程，根据权责对称统一原则，明确资金审批过程各相关负责人的责任。审批流程可借助信息自动化办公系统在网上完成，为提高资金从审批到使用的效率，同时保障资金使用的合法合规性，可指定审批规定，对于规定限额内的资金支出，可在按照规定审批流程报分管领导审批后便可支付；对于单次交易所申请支付的金额超过了分管领导审批权限的资金支出，须上报更高一级的管理层相关负责人，待其批准后即可支付。

九、加强管理者营运资本管理意识，加强人才储备

国有林场的财务管理人员的职业素质可能与日常经营中的财务管理水平呈正相关。基于此，林场的管理者可以使用一些方式来改善财务工作人员的素质，以此提升财务管理水平。首先，需要重视财务管理人员的继续教育，尤其注意专业能力较差的工作人员。具体的培训内容应该包括基础的财务管理业务，同时会计电算化也应该纳入培训范围内，因为其能有效提高工作效率。同时日常工作中涉及的金融与税法知识也应该加入培训中，这样财务工作者在工作时才能学会在不同情况下灵活应变，而不是墨守成规。其次，应加大对财务工作人员的职业操守

和素养培养的重视程度，并且需要定期对财务人员进行职业道德教育，以此来提高财务人员的专业素养，潜移默化地影响工作人员遵守相关法规，在一定程度上提高其对自身工作的责任感和荣誉感。最后，制定完善并且科学的奖惩制度，管理层定时对财务工作人员进行考核评价，把工资薪酬和考核结果联系在一起，奖励考核结果优秀的人员，由此便能提高工作人员的荣誉感和积极性。

当林场有财务问题出现时，如果有专业人员应对相应问题，便能提高工作效率，因此人才储备十分重要。这些专业人员需要定期进行专业财务知识培训，并且定期进行考核，那么当林场出现财务问题时，才能对症下药。并且要培养财务人员树立资金的管理意识。这就要求管理资金的工作人员要更新思维，重视资金的机会成本，关注资金使用的合规性、有效性、安全性、成本效益性，先从思想意识上来重视管好用活资金。

此外，国有林场领导要重视培养财务部门员工的营运资金意识、管理意识，还要以身作则，起到带头作用。从根本上提高管理层的专业素质，定期组织学习最新的财经法规。邀请高校或业内专家来授课，举办相关专题的讲座，不断更新学习资金管理的最新内容。改善林场管理资金的水平，提高财务人员的职业素质和专业能力，从而达到资金效益优化的效果。提高财务人员的专业素养，能从一定程度上提高林场财务管理的水平。并且职业道德的加强，可以让财务人员，认识到工作的责任感和使命感，了解到资金管理对林场自身发展有十分重要的推动作用。让财务人员更好地了解这个职业也能间接地提升林场的管理资金的水平，同时营造好的工作环境也能使财务人员工作得更加顺利，坚持以人为本的模式，创建更好、更先进的单位文化。

国有林场生产经营管理水平的提高，离不开技术人员的不断创新，并且技术人员的素质与林场未来的发展息息相关。因此，加快提升技术人员的素养迫在眉睫，也能在一定程度上对林场的收入提供帮助。如何解决国有林场的问题，需要从林场本身的实际需求出发，如林场通过培养技术性人员，人才引进不失为一个好办法。同时，在人才引进方面可以建立完善的系统，一步步落实到实处。在培训新员工的工作能力的时候，不仅需要让他们学习到林场涉及的相关知识点，而且需要对他们的职业道德进行培养，树立良好的职业素养。同时，需要及时地接收到最新理念，不断完善林场的营运管理体系。实行定时考核机制，也能在一定程度上提高管理人员和财务人员的工作能力，提升自我的责任感，由此便能保证林场的日常运营。林场的营运管理不仅需要完善的管理制度，优秀的管理人才，还需要以人为本的单位文化。优秀的单位文化能在一定程度上调动工作人员的积极性，使其在自己的工作岗位上发光发亮。

综上所述，林场如果想要提高自身的营运管理水平，就要从根本抓起，从源头上解决问题，学习和贯彻落实最新的财务知识和制度，提升资金的利用效率，降低资金的使用成本。使国有林场能走可持续发展的道路。

第六章　投融资管理

第一节　广西国有林场投融资现状简述

党的十八大以来，我国更加重视林业，林业发展提升到了国家发展战略高度，国有林场的发展迎来了新的挑战和机遇。随着国有林场改革发展的进一步深化，资金短缺的问题进一步凸显，传统投融资方式已无法满足当前广西国有林场发展的需求。广西国有林场投融资目前存在诸多问题，探寻新的投融资模式，拓展资金来源渠道，是国有林场亟待解决的难题。

一方面，国有林场与其所管辖的生产企业融资能力弱，融资结构不对称，内源性融资所占比重较小，如果要满足林场本身的投资和发展需求，基本得依靠外源性融资，且融资渠道单一。另一方面，外部融资中又以短期借款为主，长期借款中多半是政策性借款，相当于变相行政补助。

第二节 广西国有林场投融资存在的问题

一、林业投资主体单一

表 6-1 主营业务收入   单位：万元

项目	2012 年	2013 年	2014 年	2015 年 1~9 月
主营业务收入	106185.80	144073.50	155205.81	93587.31

以广西 F 林场为例，其主营业务主要包括林产品、人造板等，从主营业务收入来看，2012 ~ 2014 年，F 林场主营业务收入分别为 106185.80 万元、144073.50 万元、155205.81 万元，2014 年较 2013 年增长了 11132.32 万元，增幅为 7.73%，2013 年较 2012 年增长 35.68%。主营业务收入的增长主要得益于林产品销售业务收入增加，2014 年林产品营业收入较 2013 年增加 4277.77 万元。2014 年林产品、人造板两大主要业务板块的主营业务收入与 2013 年相比分别增长 4277.77 万元、9581.00 万元，增长幅度分别为 10.52%、10.61%。在宏观经济回暖的大背景下，各个板块产品自 2013 年以来全面复苏，2014 年的主营业务收入较上年实现较大幅度增长。2015 年 1~9 月 F 林场主营业务收入 93587.31 万元，林产品、人造板及其他产业收入分别为 23523.45 万元、64828.39 万元和 5235.47 万元。2015 年 1~9 月的主营业务收入较上年同比有所下降，下降的主要原因是当年木材销售受到整个行业周期性的影响销量大幅下降，随着板材企业用料的减少木材收购量也相对减少，截至 2015 年 9 月末全年销售木材仅为 34.03 万立方米。

表 6 – 2　2012 ~ 2014 年主营业务毛利润构成情况　　单位：万元、%

项目	2012 年		2013 年		2014 年		2015 年 1 ~ 9 月	
	金额	占比	金额	占比	金额	占比	金额	占比
主营业务毛利润	10894.30	100.00	10077.90	100.00	19368.09	100.00	7882.09	100.00
林产品	8616.80	79.09	8769.00	87.01	15381.79	79.42	9278.76	117.72
人造板	2079.16	19.09	1118.10	11.10	3213.53	16.59	-1460.66	-18.53
其他	198.34	1.82	190.80	1.89	772.77	3.99	63.99	0.81

2012 ~ 2014 年及 2015 年 1 ~ 9 月，F 林场主营业务毛利润分别为 7882.09 万元、19368.09 万元、10077.90 万元和 10894.30 万元。毛利率分别为 7.42%、13.44%、6.49% 和 11.64%。2014 年林产品受采伐人工费和苗木培育成本普遍提高影响毛利率较上年大幅下降；同时由于林产品采伐生产的特殊性，采伐成本要等伐区全部完成采伐销售后才能进行结算，无法与销售收入同步结算确认成本，造成 2015 年 9 月末林产品毛利率与上年末相比偏高。近年来纤维板产品销售价格较为平稳，而主要原材料价格的上升，使得产品利润空间受到压缩；2013 年年底新投产的刨花板产品市场认可度不高，产品良品率未达预期，林场通过降低销售价格来增加销售总额，导致刨花板售价与成本出现倒挂；2014 年随着刨花板销售规模的扩大，产品经营亏损给盈利造成的影响开始显现。

由以上分析可知，广西 F 林场过于依赖主营业务即林产品销售带来的收益，其盈利能力受主营业务影响很大，过于单一的投资会使其承受的风险大大增加，不利于企业的长远发展。

二、林场投资回收期长

林场是一个特殊的经济体，林场的营林造林项目，尤其是商品林的营造林项目，其资金循环周期很长，无法像其他制造业一般能很快将项目成果变现。资金循环周期长的特点实质源于林木本身的生长特性，即资金收回速度取决于林木本身的生长速度，即使是生长较快的速生树种（比如速生桉），走完一个完整的轮伐周期至少需要经过六年左右，这就意味着最快要经过几年的生产过程才能把该阶段的资金收回，这就导致了资金循环周期长且无法人为地进一步显著提速。资金投入生产过程后，在林木未能生长到足以成为商品进行资金转化前，极难在短期内收回所预付的资金。而林木的生长和生产过程都需要不停投入新的资金，一旦资金链断掉，会对整个资金循环造成极大冲击。基于林木成本的特点，一般是前期原料成本高，资金投入较大，到了后期基本是日常维护和最终伐木费用支出，资金投入较小。在短期流动资金有限的情况下，林场必须把项目的资金投资纳入林场长期资金范围进行规划和使用。

林场的投资回收期长，影响资金的使用效率，进而对林场的投融资造成影响。

三、配套政策、治理不完善

广西180家国有林场中，仅事业单位属性的171家国有林场可以得到财政拨款，而事业单位属性的国有林场里，只有7家是全额拨款事业单位、47家是差额拨款事业单位，而其余117家则都是自收自支事业单位。除了7家是全额拨款外，其他的都是差额或自收自支企业，单位性质决定了林场能从财政拿到的资金甚微。

现在财政对国有林场的补助保障方式有三种：纯公益林的国有林场为全额拨款、半公益林半商品林的国有林场为差额拨款、纯商品林的国有林场为自负盈亏。全额拨款的国有林场由于公益林本身无须像商品林那样追求生产速度，因此缺乏营运改进动力；差额拨款的国有林场经营状况和生态效益相对较好，能带来一定的收入，但存在经营效率低、自身资金积累能力较差等问题；自收自支的国有林场与前两种相比产业利润更为低下，更加受制于各级政府财政实力。

根据自治区林业厅2017年初公布的全区国有贫困林场名单显示，全区贫困林场52家，占比近30%。林场受行业特性以及"不事不企"管理体制等方面影响，先天发展不足，原始资本积累少，资金短缺，严重影响自身的发展。

（一）林业信贷政策连续性弱，扶持力度弱

国有林场的林业贴息贷款有四个部分——治沙贴息贷款、森工贴息贷款、山区综合开发贴息贷款、林业项目贴息贷款。国家财政对国有林场企事业单位的林业贴息贷款，是国家林业产业政策和财政政策的重要组成成分，在很长时间内在林场资金来源中占极高比重。这四项林业贴息贷款的提供对象基本是商业银行

（如中国农业银行、中国邮政储蓄银行）、非银行金融机构（农村信用社）和国家政策性银行（如国家开发银行、农业发展银行）等，通常提供的贷款期限为3年至5年，主要贷款对象是国有林场事业单位及其所属的子公司。通常情况，首先，贷款部门进行贷款凭证的签发；其次，主管部门根据贷款的审核标准进行复核；最后，贷款需求单位就可以接收主管部门下拨的贷款资金。因林场部分建设项目周期长，银行会根据具体情况进行相应调整，适当延长贷款年限，最长年限为15年。对于承担许多社会职能，财务负担比较大的国有林场企事业单位而言，林业贴息贷款无疑减轻了其融资压力，在一定程度上促进了林业的发展。但该项政策持续时间短，扶持力度已极大削弱。

首先，"十五"计划期间，林业贴息贷款、治沙贴息贷款、山区综合开发贴息贷款、国家开发银行的基本建设项目贷款等四项贴息贷款政策就被国家取消。同时，财政部门取消了林下资源利用开发等林业经营项目的贴息政策，为林业专门制订贷款方案等倾斜行为也被中国人民银行取消了，不再专门为其配置信贷资金，并且将贷款利息的结息最高年限降低了，这一系列倾斜政策的取消都加剧了林场企事业单位的资金不足局面，恶化了投融资的外部政策性环境条件，极大地降低了林业的建设开发速度。虽然过了一段时间之后，为了弥补经济损失，和林业治沙有关的商业贷款政策腾空出世，但是依旧不能拯救贴息贷款政策取消带来的经济损失。

其次，林业贷款的年限短。而且经济欠发达地区才使用林业贷款，同时林业具有投入回收时间长、生产周期长等特点。特别是造林项目，往往十到十五年才能收到投资回报。一般情况下，银行提供给林农和林业企业的贷款期限为1~5年，这对林业来说无异于杯水车薪，贷款项目还未产生经济效益，贷款已到期限，贷款单位根本没有能力去还清贷款。更有甚者，贷款单位会铤而走险，选择以贷还贷的方式进行周转，增加了企业的经营风险。

最后，贷款对象范围比较狭窄。只有国有林业企事业单位才有资格进行贷款，个体和集体林业企业完全被阻挡在贷款的门槛之外。很明显，这与中国集体和个人是中国林业建设的重要主体这一现状是矛盾的，所以，即使集体和个人林业企业倾向于建设林业项目，却苦于没有资金支持，而无法在市场中大显身手。

（二）涉及林权流动方面的存在局限性

首先，缺乏健全的林权价值评估体系。目前，我国尚未有一部全国性的林权流转评估法律体系和科学的林权价值评估程序。在实际操作过程中，评估单位只能参考国家国有资产管理局与林业部门联合颁布的规范和通知进行评估，而由于没有明文规定和指导规范，评估单位到底是由中国资产评估协会来负责，还是中国注册会计师协会来负责，抑或是由政府相关部门来负责，评估单位的选择也无法统一，导致评估价值缺乏可比性。再加上，没有相关法律法规对评估过程的违规行为进行惩罚和警示，投资者的利益无法得到切实保障，从而使得评估结果可靠性较低，社会投资者对所出具的价值评估报告的信任程度也就不高，从而不愿冒险进行投资。

其次，林木采伐指标不确定，林权有效性不足。根据《中华人民共和国森林法实施条例》的有关规定，广西国有林场的森林和林木归国家所有，其采伐额度必须依次经过广西壮族自治区人民政府的林业主管部门汇总、本级人民政府审核、国务院林业主管部门审核、国务院批准后才能确定。即使确定了采伐指标，也不是所有林业经营者都能得到采伐额度，所以有的林木到了采伐期也无法进行采伐，其资产的变现能力也就受到限制。

国有林场事业单位因为其行业的特殊性，非流动资产中的传统固定资产（比如设备、厂房、商住用地等）占比较少，大部分是林木资产和林地使用权。但因为政府划拨的林地使用权按照相关文件规定禁止用于抵押融资，所以国有林场只能以自己所经营的林地的使用权作抵押。而林场自己的经营性林地在整个林地中的比例远低于政府划拨的林地，但即便是自身的经营型林地，有相当一部分因为没有办理林权证而无法自主处分，这也导致国有林场实际能用于抵押融资的非流动性资产十分有限。

现在制度对林木采伐和使用都掌控过于严厉、管理制度上缺乏灵活变通，国有林场管理森林却缺乏自主经营权，直接面对市场却无法根据自我意识对市场需求信号做出及时应对，这无疑都增加了国有林场在市场经济背景下的交易效率和融资成本，极大地打击了社会资金对林业的投资热情，同时，也导致国有林场无法及时对债券和短期借款进行还贷，进而降低其信用等级评价。

最后，国有林场及其下属企业治理状况最大问题就是产权残缺。政府越位直接投资企业导致政企不分，无法清晰区分所有权关系和管理权关系，进而扭曲资源配置，导致国有林场企事业单位运行的效率大打折扣。再加上广西国有林场不仅需要承担培育和保护森林资源职责，还承担了额外的社会职能——负责管理开办学校、医院等肩负社会职能的文化教育类、公共卫生类非营利性单位；还要负责新建、维修林区及附近的水、电、路这类公共福利设施的投资建设等。其结果直接导致了核算的混乱，进而导致管理混乱。国有林场所负责的这些社会职能应由其他行政政府单位进行管理，但现今却被政府赋予过多非经济的政治、社会职能要求，这样便使国有林场因被政府用以实现一些特定社会政策目标，要同时完成多项非经济性考核目标而无法专心改进自身的主营业务。

不仅仅是国有林场自身有政府越位现象，国有林场所属的子公司也同样存在政府越位现象。最突出的表现就是用行政单位的那一套体系和管理手段来管理林场所属子公司的生产营运活动、投融资活动、管理决策活动等。林场下属生产企业受林场的政府职能所管理和约束，缺乏自主权和独立性，无法脱离政府调控在市场经济中进行自主发展，剩余索取权的不对应配置导致管理层激励力度不足。因为政府越位导致企业的剩余收益索取权和剩余收益控制权分离，作为索取方的政府与作为控制方的企业管理层这种权责不对称的局面导致了企业管理和经营效率低。而下属子公司是国有林场林木资源创造附加价值的关键环节，关系到林木资源的利用效率，其管理和发展进而间接影响着整个林业的发展和经济效益的提高。

四、自我资金盈利能力低，资金依赖借款

全区国有林场负债 168.38 亿元中，银行借款占比高达 106.44 亿元，而银行借款中又以短期借款为主，达到 56 亿元。现阶段，林场有三种最主要的融资方式：一是将林木或固定资产作为抵押物向银行借款，主要应用在长期借款上；二是信用借款，主要应用在短期借款上；三是保证担保借款，主要体现在区直林场通过互保的方式向银行借款，但由于近年林业系统融资风险的增加，这种互保方式慢慢被银行所摒弃。

受各层面因素的影响，一直以来广西国有林场一直采取较为粗放的财务管理方式。大部分在融资管理制度规范化方面存在缺陷，还没有建立起全面风险管理体系，对资金的管理也存在不足，资金管理散乱，使用效率低。各林场出现向银行大量借债与大量闲置资金共存的局面，前者造成大量利息支出，后者仅仅使企业获得存款利息收入。

广西国有林场的快速发展，带来更多资金需求，这往往需要银行贷款支持。在2010 年之前，将森林资源作为抵押物向银行进行贷款是其最重要的融资方式。而如何拓宽融资渠道、提高融资效率是广西大多数国有林场必须尽快解决的难题。

资金作为林场生产发展的基石，很大程度上保证了林场的日常生产经营活动。以广西 F 国有林场为例，其资金主要来源于自身经营项目的盈利、向银行等金融机构的贷款、根据相关法规提取的专项资金、财政部门提供的补助资金、林业部门提供的补助资金。

结合广西 F 国有林场的经营状况和发展战略可知，单纯依靠财政部门和林业部门的专项资金和补助是远远无法满足国有林场本身长远发展中的资金需求。F林场经营项目的盈利主要来源于苗木、木材与人造纤维板的销售利润。而向银行等金融机构取得的贷款，绝大部分属于短期贷款，而这些资金又基本都投入长期资产建设项目，无法在偿还短期贷款的时候及时回收这些投入资金，所以如果投资决策出现较大偏差，则可能导致产生资金链断裂的结果。除此之外，F 林场自身内部的流动资金严重不足，即使周期长的林业资产建设项目成熟，通过销售获得的资金可能又会立即投入下游的人造板厂建设这类同样周期长的投资项目中，从而造成短期内这类投资周期长的项目根本不能实现投资资金回收。长期这般循环积累下来，使得林场自身的资金积累能力偏差。

广西国有林场除了 13 家区直林场规模较大以外，大部分的市县一级的林场规模都不大，与众多的中小型企业一样存在融资难的问题。主要原因有三个方面：

一是由于这些林场经营的是传统的树种，一方面，会面临林木生长周期长的问题；另一方面，还可能面临各类自然灾害，如病虫害、雨雪、冰冻、火灾、台风等，多数商业银行考虑到放贷风险，没有给予这些林场信贷支持。

二是大部分小型林场所需的借款单笔金额不大，但银行出于贷款管理成本高，获得利润低等方面因素的考虑，并不愿意将贷款发放给小型林场。

三是银行出于规避放贷风险和保证资金安全的考虑，进一步加强了对各类林场信贷风险的评估和控制，通常要求林场提供资产作为借款的抵押担保，还将区直大型林场的评估指标作为评级授信的参照。大多数需要获得贷款的林场经营规模较小，总资产规模也不大，生产经营水平与财务管理能力等与区内大型林场之间差距较大，与银行放贷要求相差较远，商业银行往往不愿意提供林业贷款，对国有林场来说想要取得银行贷款有很大难度，并且它们也没有足够的能力去承担相应的利息。对于想要进入林业行业的不同市场主体来说还有繁多限制因素，这给他们加入林业行业的发展带来诸多不便，不利于调动林业发展的积极性，进一步阻碍了国有林场融资的发展。此外，国有林场一直存在自筹资金收入不稳定、经营机制不够完善、经济效益亟待提高等问题。

五、融资方式不多，融资成本高

（一）资产抵押借款

林场的资产抵押借款，主要是以林木抵押为主，房屋厂房设备等抵押为辅，土地抵押较少，原因是林场的土地大部分都是国有无偿划拨的，无法抵押。利用林木抵押的借款，大部分都是林业项目借款，商业银行贷款期限最长为 5 年。林场抵押借款的利率受各场的财务状况和融资人员议价能力水平影响，但是绝大部分都在基准利率上浮 10% 以上。借款除了支付利息以外，前期还有较大的费用开支，主要有以下三项：一是项目可行性研究报告的编制费用和评审开支，一个项目的可研编制费用根据项目大小从五万元到十几万元不等，评审费也要上万元；二是林木资产评估费用，评估事务所对评估费的收取一般是按所评估的资产价值总额 0.5‰ ~ 1.5‰ 计算；三是保险费用，银行为了降低风险会要求林场对抵押的资产进行投保，投保费用的计算一般是抵押资产的价值的 4‰ ~ 6‰ 不等。除此之外，以国家开发银行为代表的部分银行，还需要林场提供借款总额 6% 的保证金放在固定的账户，不能动用，资金占用量大。如果把以上几项前期费用开支折算成利息开支，整个银行借款项目的实际利率达基准利率上浮 30% 以上，融资成本较高。

（二）信用借款

信用借款是指林场凭借自己的信誉从银行取得的借款。这种借款，无须以资产做抵押，但是对财务指标要求较高，利率上浮较多。银行在对林场的财务报表、现金流量测算等资料分析的基础之上，决定是否向林场贷款。一般只有信誉好、规模较大、财务状况较好的林场才可能得到信用借款。由于林业的行业特殊性，木材需要凭采伐证采伐，财务数据波动较大，很难达到像工厂等类型的生产企业拥有比较平稳的财务数据，评级低，授信额度小，借款利率高。信用借款主要是一年期的流动资金借款，真正用款时间在 10 个月左右，资金占用成本大；同时，没有项目支撑，无法享受财政对林业项目借款 3% 的贴息补助。

（三）保证担保借款

保证担保借款主要运用在区直林场之间，林场通过兄弟林场提供保证担保方式向银行借款。这种借款方式由于不需要支付资产抵押评估费用和保险费用，短期和长期借款都适用的缘故深受林场的推崇。但是，由于近年来区直林场"跨大跃进"式的发展场外租地造林和投资建设人造板厂，经营亏损严重，财务风险进一步增大。银行为规避放贷风险，已经逐步收缩保证担保借款的模式，转而开始推行"保证担保＋资产抵押"模式，即借款总额的一半需要提供兄弟林场的保证担保，另外一半需要提供资产的抵押。"保证担保＋资产抵押"模式需要资产抵押评估费用和保险费用的开支，无形中又增加了林场的融资成本。

（四）资金经营管理意识低，使用效率低

一方面，林场对资金管理的重要性认识不足，没有充分考虑货币的时间价值和投入产出比，没有对资金进行统筹集中管理，日常也不做资金使用计划，造成"过山车"式的资金状态，有时候资金严重短缺甚至发不起工资，有时候银行账户长时间大量资金存储，由于是国有资金，受制度的限制和相关人员多一事不如少一事的心理因素影响，没有进行资金理财或者投资，资金使用效率和经营效率低。

另一方面，货款长时间被客户大量占用。有些林场为了完成上级下达的销售任务，大量采取赊销模式，尤其在人造板企业表现得更为突出。虽然采取赊销的模式增加了销售量，但是林产品的下游经销商都是代理商或者私人老板，规模较小实力较差，造成货款结算时效性差，货款回笼不及时，更有时出现客户跑路，应收账款变成呆账、死账，使林业资金的使用更加紧张。

六、林业资本市场外源性融资不足

因国有林场发展至今，已不再只是单纯涉及林业，还涵盖多个行业，从国有林场到其下属子公司整个经营生态链现已覆盖第一产业、第二产业、第三产业。这其中就牵涉到了许多银行贷款禁止用于投资的领域，比如房地产、小额贷款公司等。因此主要依靠银行类金融机构贷款融资已渐渐无法满足国有林场多元化、灵活化发展的需要。

在资本市场里，外源性融资渠道还有很多种，债券、信贷、股票、投资基金等均可为一个单位的发展提供庞大资金支持。而国有林场由于市场机制灵活性不足，利用除了银行借款之外的其他外源性融资手段筹集资金的能力薄弱。

从全国来看，除了国债资金以外，林业股票市场也才开始起步，广西国有林场还未见雏形，这是因为国有林场本身不像企业那样拥有良好流通市场的资产来做担保，林场一般可做担保的基本是林权，但林权在空间和时间上存在极大的信息不对称性，外行人想要评估其质量继而进行估值难度高，这一点与农业价值评估类似。然而林业与农业最大的不同在于时间维度，林木生长周期远大于农产品，因而时间价值的评估难度更高。因此资本市场对于林业企业的信息了解都比较有限，在信息存在很大局限性的情况下，对林业企业的接受程度也就不高。林业企业无论是想要通过向资本市场发行债券募资，还是通过上市首次公开募股向社会募集资金，难度都比其他领域的企业要大得多。

第三节　改革和完善投融资的建议

一、完善财政投入保障机制

因为林业保障预算投入受到经济水平、筹资标准、财政状况、社会承受力等因素的显著影响，而林业保障支出却属于刚性支出，因此需要完善财政投入保障机制，科学周密的预算安排，才能实现收支平衡，呈现良好的财务状况，以便更好地达到融资条件。应优化财政支出结构，坚持以财政为主导，整合社会资金，带动一批产业发展，大力发展以大面积人工林或天然林为主体的森林公园、自然生态保护区等森林旅游产业、提升国家储备林基地、全国亚热带珍贵树种培育基地等基地的建设速度，科学适度发展用材林，大力发展乡土树种、珍贵树种、特色经济林树种。着力加大产业项目和旅游度假区项目的招商引资工程。

鉴于广西国有林场的定位，以及其对广西生态环境建设的重要意义，要提高财政直接投资在林场事业发展中的比重。近些年来，随着广西经济的发展和财政收入的快速增长，广西政府的财政实力和资金储备不断增强，财政预算资金能够作为城市建设资金的重要来源之一，为国有林场提供更多现实可行的资金支持。林业保障预算编制要稳妥、全面、细化。各项林业保障资金应基于"量入为出"原则，按照大口径编制收支预算，以免出现赤字预算。各项林业保障资金预算支出内容应完整，不漏项。

二、优化融资结构

广西某林业集团目前是把若干个广西国有林场的部分林地、林权证记在其本部名下，但实际上各个国有林场的经营状况和发展战略不同，所承担的职能也不同，融资需求也就不同。所以，广西某林业集团首先可以一个融资主体的身份进行融资后，将所筹集的资金根据各个国有林场的经营状况和投资项目分配资金。

集团在融资前应对各林场进行充分市场调研，针对项目的建设必要性和市场需求、行业的竞争激烈程度、项目建设条件、项目建设目标、项目建设内容与规模、项目建设方案、项目建设过程中的森林保护与劳动安全、对环境的影响、项目的经营管理程序、项目效益等进行分析，并采集有关社会经济、技术指标参数，按照有关标准和规范编制可行性分析报告，为建设项目投资提供可靠依据。为更好地明确筹集的资金的调配方式，形成资金池，以便后续的进度和绩效追踪评价，集团应做好资金安排、资金归集和资金管理工作，有效应对各国有林场企事业单位的资金缺口，同时避免资金链断裂。

除了优化筹集的资金调配方式，还要优化融资期限结构。要对长短期债务的比例进行科学合理的设计，根据产品的成本差异，做好长短期融资产品的时间搭配安排，尽量将短期融资所占比重降低，来逐步减少对短期负债的依赖。并可尝试开拓其他新的融资渠道，可通过推动子公司上市发行股票、投资基金等，以优化融资结构，降低单位的融资成本和资产负债率，降低财务风险。

由于各种历史遗留、市场变化不确定、治理秩序混乱等原因，长时间里，国有林场及其下属子企业存在一些严重的银行信贷不良现象，包括久欠不还银行贷款，时常逃避、悬空、毁弃银行业债权。因此，国有林场及其下属子企业在信用体系内信誉较差，社会信用较低，这不仅给贷款银行带来收款风险和存款危机，还给未来林业企事业单位继续办理贷款增加更大门槛和限制条件，银行会对林业相关贷款加大审核力度，使其无法得到理想的贷款额和贷款期限。国有林场在优化自身融资结构，改善资金质量的同时，有必要采取积极措施以改善外部对自身所评价的不良信誉形象。先是从内部转变固有观念，培养诚信，重视信用形象。接着林场有关部门要针对风险制定防范对策，规范日常营运和资金使用的合法合规性和安全性。

三、拓宽融资渠道

政府对国有林场的持续性财政投入资金有限，无法及时满足林场建设所需的资金。林场承担着特有的生态责任，需要投入大量的人力和物力完成生态公益林营林任务，然而公益林产生的经济效益微小，补偿标准较低、补偿制度尚未完善，资金回收速度较慢，使林场经济负担较重。资金作为林场赖以生存发展的基础，维持着林场各项生产经营活动的良好循环。因此，林场在完成生态林建设任务的同时，必须依靠森林相关的生产经营活动获得资金，实现经济的可持续发展。

因此，相关政策应该允许林场在部分经营环节中进行招商引资，扩大商品林经营权利，拓展林场的业务范围，充分发挥林场资源的最大效益；鼓励农户和林场职工通过合资和独资的方式对林场经济林进行包产量或超产分成的承包经营，职工筹资投入林场建设，激发员工积极性，为经济林市场注入新活力，既解决林场资金紧缺又实现了职工的创收；督促财务部门就林场业务加强与金融机构的合作，尤其是银行业金融机构，应给予更多优惠扶持政策等，如增加个人或组织对林业投资的贷款额度，对林场债务利息实现减免等。

在当今市场经济条件下，拓宽和创新林业融资渠道，通过资金营运带动其他林业生产要素的优化配置，既可提高资金的内部积累能力，又可增强其外部融资能力，从而实现林业资金的良好循环。结合国有林场资金特点，可通过政策性融资、林业产权融资、信用融资、林业信托融资等方式拓宽融资渠道。从多角度多方面给予林场资金、财务制度等的大力支持，解决林场资金困境。

林场需要拓展多元化的融资途径，以保障资金链不断裂，可从以下三个方面入手：

（一）扩大林业债券融资模式

债券融资具有成本低、财务杠杆作用强、所筹集资金期限长、筹资的范围广、金额大等特点。公司可以通过发行企业债券，满足筹集长期资金的需要。林场可以根据资金需求的长短，发行短期或者中长期债券，筹集资金用于森林培育、速生丰产林基地、森林公园、人造板、林浆纸业、林产化工等重点项目建设。

（二）通过子公司上市筹集资金

股票作为股份公司发行的所有权凭证，是股份公司出于筹集资金的目的，发行给各个股东作为持股凭证并借以取得股息和红利的一种有价证券。发行股票筹集的资金具有筹措资本永久性，无到期日，无须归还，财务压力小；没有固定的股利负担；低风险筹措长期资金、降低负债率等特点。

（三）设立林业产业投资基金

林业产业投资基金是一种新型的金融工具，可以直接投资于林业产业领域，与传统股权投资基金相比，林业产业投资基金的投资范围相对较小，专业性更强，其面临的行业性风险也更强。随着中国先进的金融体系不断改进创新，林业产业投资基金的设立已十分必要。

第七章　风险管理

第一节　广西国有林场存在的风险

国有林场业务总量大，经营范围广。不仅纵向形成了从上游供应到下游销售的完整的产业链，涵盖林业种植、木材采集；原木、原条、锯材、胶合板、单板加工、中纤板、刨花板、木地板、木片、木煤加工、销售；林浆纸业；林副产品采收、销售；水果、香料作物、园艺作物、中药材种植、销售；林地及附着物流转。同时横向地发展多元化经营业务，包括经济林、速丰林、人造板、土地与房地产开发、商贸物流等主营业务，也包含润滑油、汽车零配件销售、林业设计、肥料生产销售、小额贷款等副业。因此，林业所面对的是多样化风险。

一、经营风险

（一）经济周期风险和原材料风险

林场业务中林产品和人造板业务受经济周期影响较大，目前中国经济仍处于增长速度换档期，结构调整有待完善，经济下行的压力仍然存在。经济发展的周期性特征决定林场主导产品的市场需求也会具有相关的周期性。主要表现为：

一是国际市场不景气，林产品进出口贸易量下降。

二是基础产业受到影响，原材料价格有所上涨。纤维板生产成本主要由主原材料、能源、折旧、制造费用、人工成本等构成，其中主原材料占生产成本的比重在60%以上，是决定纤维板生产成本最重要的因素。纤维板主原材料主要包含薪材、尿素、甲醛及石蜡，其中薪材占总原材料成本的53.15%，对主原材料采购成本的影响最大。2013年以来，林场纤维板主要原材料的采购均有一定程度的波动。其中薪材价格2014年较年初下降22.12%，尿素价格与年初持平，甲醛价格较年初下降7.41%，石蜡价格较年初下降23.34%。纤维板的销售价格自2012年以来处于波动下行，截至2015年1～9月，纤维板市场销售价为1280元/立方米。原材料采购价格的波动可能对纤维板业务构成一定的经营压力。

三是木制家具供给需求失衡，对外出口受阻，下游家具行业生产产能紧缩，家具厂开工率低，导致人造板需求降低，中游的经销商产品积压增多。生产原料、人工成本的上涨使得人造板成本高涨，木材加工企业利润下滑。因此经济周期的变化可能会对林场的业务规模和盈利能力产生一定的影响。

2012～2014年及2015年1～9月F林场纤维板主要原材料采购情况如表7-1所示。

表7-1 F林场纤维板主要原材料采购情况

项目		2012 年	2013 年	2014 年	2015 年 1～9 月
薪材	采购量（万吨）	68.12	85.65	108.75	54.42
	采购金额（亿元）	2.58	3.45	3.39	1.54
	采购价格（元/吨）	379.4	403.2	311.91	282.55
尿素	采购量（万吨）	4.35	5.19	4.44	3.23
	采购金额（亿元）	1.03	1.07	0.78	0.59
	采购价格（元/吨）	2363.21	2063.16	1745.13	1817.5
甲醛	采购量（万吨）	5.78	7.00	6.07	4.21
	采购金额（亿元）	0.86	1.08	0.78	0.44
	采购价格（元/吨）	1492.96	1539.31	1282.63	1033.6
石蜡	采购量（万吨）	0.28	0.33	0.27	0.16
	采购金额（亿元）	0.27	0.30	0.20	0.10
	采购价格（元/吨）	9689.76	8996.64	7426.11	6396.38
纤维板销售价格（元/立方米）		1356.06	1360.68	1345.49	1280.00

（二）人力成本风险

林场林产品的生产成本主要由林木培育成本、人工成本等构成，其中林木培育成本占林产品成本的比重平均在55%以上，是林产品成本最重要的决定因素。F林场从事营林造林工作的一线职工及管理人员工资直接计入林木培育成本，因此，人工成本是F林场林产品成本最主要的决定因素。2014年林场林木培育成本中肥料和苗木占比约35%，其余为林场从事营林造林工作的一线职工及管理人员的工资。从整体看，林场营林业务中人工成本占比较高，近年来人力成本的上涨对林场林产品生产成本控制构成了一定压力。

（三）主营业务竞争风险

中国的纤维板行业是一个充分竞争的行业，截至2014年，中国纤维板制造行业规模以上企业数量达500多家，其中的近100家企业亏损。同时行业龙头企业的市场占有率不足4%，产业集中度较低。全国纤维板生产线超过700条，生产能力超过5500万立方米，多数产能不足5万立方米/年，低于《产业结构调整指导目录（2011年本）》规定的5万立方米/年的达标产能。其中小型林业企业普遍存在技术设备落后、甲醛释放超标、原材料利用效率低的状况，因此无法就质量和品牌上提高市场竞争力，往往采取低价恶性竞争手段。随着近年国内一些中纤板企业不断扩大产能，行业面临产能集中投放压力，市场竞争有所加剧。公司的经营规模虽然较大，但是全国市场份额不高，也面临市场竞争日益激烈的风险。

（四）下游行业影响的风险

林场的主导产品为中（高）密度纤维板，主要应用于家具板、门板、地板、建筑装饰、音箱和包装等行业。家具制造业是纤维板用量最大的行业，约占纤维板消费总量的55%，家具行业的景气度对纤维板行业的发展构成直接影响。纤维板行业与房地产行业的关联程度较高。国家自2012年以来连续出台多项房地产调控政策，包括"十二五"期间大规模建设保障性住房，在重点城市实施"限购""限贷""征收房产税"等调控政策，对房地产投资投机行为进行抑制。上述宏观调控政策的累积效应可能对房地产市场增量造成不确定影响，从而对林场经营业绩带来不确定性。

（五）自然灾害风险

F 林场集团拥有较大的森林资源，林场经营面积 140 余万亩，F 林场森林蓄积量 426 万立方米，森林覆盖率达到 85.5%。虽然 F 林场集团更多选择具有较高的生产速度和改良的抗病抗霜冻能力的树种，但是 F 林场集团的速生林仍然存在因病虫害、寒流霜冻、台风等自然灾害而遭受损失的风险。同时，F 林场集团人造板的生产离不开木质原料、化学原料等易燃物，生产经营场所是所在地的重点防火单位，林木资产对森林防火也有较高的要求。F 林场集团制定了严格的消防安全管理制度，各生产基地及林木资产从未出现重大火灾事故，但由于行业的特殊性仍不排除发生火灾的可能性。

F 林场集团在总结历年应对各类自然灾害经验的基础上，已初步建立起应对包括森林火灾、病虫灾害和气象灾害在内的防治措施和各类突发事件应急管理体制等一系列应急预案及规章制度。F 林场集团在各林地周边都建设有防火线或防火林带，防火林带总面积达 1132.3 公顷。F 林场集团还建设自有专业森林消防队，消防队员已经发展到 51 人，消防队设立在南宁市郊，邻近公司各分场林地，有利于对灾害做出最快速的反应。F 林场集团还针对场外造林易发生火灾的 50 万亩林木办理了森林火灾保险。F 林场集团积极开展森林病虫害防治，把病虫害控制在不产生经济危害的水平。同时，坚持"预防为主"的基本原则，把灾害的监测预报预警放到十分突出的位置，重视和做好预警信息的发布工作。加大经费投入，安排专项资金用于应急设施、装备及物资储备建设，安排重大自然灾害应急保障资金，建立应急资金快速拨付制度。完善工作目标考核和问责追究制度，对在日常应急管理、预防和处置自然灾害中取得显著成绩的单位和个人予以表彰；对有失职、渎职、玩忽职守等行为和在重大自然灾害信息报告中有迟报、漏报甚至谎报、瞒报等行为的，严格问责追究，依法依纪严肃处理。

（六）人造板业务板块持续亏损的风险

受人造板市场需求低迷、国内房地产市场调控、下游家具等产品出口下滑，以及 F 林场集团 2 条新建生产线尚处于建设期等因素影响，2012～2013 年 F 林场集团人造板业务总体连续出现亏损。2014 年 F 林场集团已有 2 家人造板公司扭亏为盈，2 家公司实现大幅度减亏，而且 4 家纤维板公司总体已经扭亏为盈。2015

年 9 月末 F 林场集团经营利润随着人造板企业亏损的减少已逐步缩小了亏损的幅度。但由于刨花板业务刚刚建成投产，产品产量质量和经济效益尚未达标，F 林场集团人造板业务板块总体仍然会出现持续亏损的风险。

（七）安全生产风险

林场的营林业务板块主要资产为各类林木，面临较大的火灾等安全隐患。林场面临的安全生产风险主要包括人造板粉尘爆炸、人造板火灾、人造板机器伤人、人造板高空作业坠落、人造板锅炉爆炸、甲醛泄露，以及森林火灾、林区道路交通安全事故等。

（八）环境保护风险

2014 年 4 月 24 日第十二届全国人民代表大会常务委员会第八次会议修订通过的《中华人民共和国环境保护法》，自 2015 年 1 月 1 日起施行。新的《环境保护法》对企业在环境保护方面的责任要求更加严格。F 林场集团下属的人造板企业属于资源综合利用产业，是国家鼓励发展的循环、绿色、低碳的环保产业。但人造板产品在生产过程中也出现废水、废气等环保问题，虽然历年环保监测验收均为合格，但随着新的《环境保护法》实施，环境保护标准越来越严格，人造板企业可能将面临更大的环保压力。如果企业不能适应新的环保要求，则可能面临停业整改的风险。

（九）突发事件引发的经营风险

林场突发事件主要包括事故灾难、社会安全事件、管理层无法正常履职等事项，可能造成林场社会形象受损、人员生命及财产安全受到损害、公司治理机制无法正常运行等。从而可能对林场经营活动造成一定影响。近年来我国突发事件频发，虽然已制定了突发事件应急预案，但是由于林场旗下子公司众多。若发生突发应急事件，将对林场正常经营秩序、公司治理结构、决策机制带来不利影响，进而引发无法正常经营的风险。

（十）经营性现金持续下降的风险

从主营业务收入来看，2015 年以来大多数林场主营业务收入大幅下降，行业市场和木材下游企业不景气影响，木材价格持续走低，主营业务收入对林场经营性现金造成一定影响，经营性净现金流下降。

（十一）子公司净资产为负的风险

林场下属多家子公司由于受到行业、经营周期以及资金投入不足等多方面原因影响造成净资产为负，公司经营利润亏损，对林场整体盈利能力造成一定影响。

二、财务风险

（一）应收账款上升速度快，坏账损失风险高

以 F 林场企业集团为例，2012～2014 年末及 2015 年 9 月末，F 林场集团的应收账款分别为 15334.56 万元、39325.26 万元、36131.22 万元和 38762.92 万元。2012 年、2013 年、2014 年及 2015 年 1～9 月，F 林场集团的销售收入分别为 106185.80 万元、144073.50 万元、155205.81 万元和 93587.31 万元。从 2013 年开始，F 林场集团应收账款大幅上升，其增幅大大超过了销售收入的增长幅度，导致应收账款周转率的下降，加大了 F 林场集团营运资金管理的难度，带来一定的流动性风险。应收账款面临一定的坏账损失风险，可能影响 F 林场集团的经营业绩和偿付能力。

截至 2015 年 9 月末，F 林场集团的应收账款余额为 38762.92 万元，占流动资产的比例为 27.11%。1 年以内的应收账款占比为 93.55%，1～3 年账龄的应收账款占比为 6.44%，3 年以上账龄的应收账款占比为 0.01%。

总体上看，F 林场集团账龄结构正常。3 年以上账龄的应收账款则主要是已停产的二级核算单位遗留，目前尚未全面清理，部分可能形成坏账。F 林场已按苗圃会计准则按照年末应收账款余额的 1% 计提坏账准备金计入管理费用，2015 年 9 月末提取的坏账准备金额为 387.63 万元，其中一年以内计提 361.37 万元，1～2 年计提 17.28 万元，2～3 年 7.71 万元，3 年以上 1.27 万元。但是，若债务人的信用状况恶化将会使 F 林场集团面临一定的坏账损失风险，可能影响 F 林场的经营业绩和偿付能力。

（二）所有权受限制的资产金额较大

截至 2015 年 9 月末，F 林场集团所有权受到限制的资产的公允价值为 179350.00 万元，所有权受限制的资产主要是为 F 林场集团在各家银行的贷款设定

抵押。F 林场集团经营林地总面积为 140 余万亩,已用于设定抵押的林木面积 33.20 万亩,占经营面积的 23.71%。若 F 林场集团因经营不善或其他原因无法偿还贷款,则 F 林场集团的资产可能会被拍卖,进而影响 F 林场集团的盈利能力。

(三) 主营业务毛利率波动风险

2012~2014 年及 2015 年 1~9 月,F 林场集团的综合毛利率分别为 7.42%、13.44%、6.49% 和 11.64%,综合毛利率波动较大。目前,人造板业务占 F 林场集团主营业务收入的 70%,由于人造板行业的高速扩张,出现了行业产能过剩,恶性竞争导致纤维板销售价格始终在低位徘徊,一定程度上影响了行业的平均利润水平,同时由于原材料价格的逐年上升也影响了 F 林场集团人造板产品的盈利空间。2014 年,人造板业务毛利率下降到 1.12%,之后人造板主营业务毛利润有所下降,2015 年 1~9 月人造板业务毛利率为 3.21%。人造板业务毛利率的下降影响了 F 林场集团的盈利能力,对 F 林场集团债务偿付形成压力。

(四) 对外担保风险

截至 2015 年 9 月末,F 林场集团对外担保余额为 128850.00 万元,担保对象均为 F 林场集团下属子公司和广西林业局下属国有林场。被担保人目前生产情况正常,如果被担保对象因经营不善或者其他原因无法偿还贷款,F 林场集团必须承担连带担保责任,F 林场集团存在一定的对外担保风险。

(五) 税收优惠和补贴对利润影响较大的风险

F 林场享受的增值税即征即退、所得税减免、财政贴息等优惠政策较多,2012~2014 年及 2015 年 1~9 月取得的各项税收优惠和补贴收入合计分别为 219.94 万元、2406.11 万元、3151.66 万元和 1292.56 万元,占净利润的比例分别为 -3.30%、75.88%、204.10% 和 54.79%,所获各项税收优惠和补贴收入占净利润的比例较大。如果今后相关税收优惠政策不能延续,或国家取消相关补贴政策,将对 F 林场集团的盈利能力产生重大影响。

(六) 存货跌价风险

截至 2015 年 9 月末,F 林场集团存货余额为 26223.05 万元,占流动资产比例 18.34%,余额较 2014 年末的 32755.84 万元减少了 19.94%。其中:原材料 10465.70 万元,在产品 1791.07 万元,库存商品 13845.19 万元,周转材料

122.09 万元。F 林场集团存货余额较大，占流动资产的比例较高。

截至 2015 年 9 月末，F 林场集团下属人造板企业原材料、库存商品规模较大，存在一定的减值风险，计提存货跌价准备为 1730.35 万元，其中原材料 990.44 万元，库存商品 442.73 万元，在产品 297.18 万元。如果今后原材料和产品价格降低，会使 F 林场集团产生存货跌价损失，进而影响 F 林场集团的经营业绩和偿付能力。

（七）盈利能力较弱的风险

2012 ~ 2014 年及 2015 年 1 ~ 9 月，F 林场集团利润总额分别为 - 6621.96 万元、3496.85 万元、1809.37 元和 2443.87 万元，主营业务毛利率分别为 7.42%、13.44%、6.49% 和 11.64%，净利润率分别为 - 6.27%、2.20%、0.99% 和 2.52%，F 林场集团的盈利能力较弱。这主要是因为近年人造板原材料价格逐年上升，同时由于人造板行业的高速扩张，出现了行业产能过剩，一定程度上影响了行业的平均利润水平。受下游房地产行业低迷的影响，F 林场集团人造板业务板块处于低谷的时间将会持续一段时间，F 林场集团未来存在盈利能力较弱的风险。

（八）短期资金周转率低风险

2012 ~ 2014 年及 2015 年 1 ~ 9 月，F 林场集团经营活动产生的现金流量净额分别为 14246.10 万元、10095.80 万元、7414.41 万元和 30157.73 万元，投资活动产生的现金流量净额分别为 - 61503.06 万元、- 35037.88 万元、- 11827.37 万元和 - 17662.90 万元，经营活动产生的现金流量净额呈逐年减少，投资活动产生的现金流量净额呈逐年增加，反映 F 林场集团短期资金周转较慢。

2012 ~ 2014 年及 2015 年 1 ~ 9 月，F 林场集团负债总额分别为 237665.91 万元、272456.65 万元、272051.58 万元和 286585.57 万元，流动负债总额分别为 96061.13 万元、116052.30 万元、118913.17 万元和 115121.75 万元，短期负债占负债总额的比例分别为 40.42%、42.59%、43.71% 和 40.17%，F 林场集团短期负债占负债总额的比例均处于合理区间，短期内不存在资金风险，但受资金周转率较慢的影响，一段时间内，F 林场集团存在短期资金周转率较慢的风险。

三、管理风险

管理风险，是指在日常生产运营过程中，因信息不对称、管理不善、判断失误等影响管理，导致其运作系统无法适应市场变动、满足市场需求的可能性。

（一）公司治理结构不完善的风险

F 林场集团属全民所有制企业，实行企业化管理，公司化经营。但尚未按现代企业制度的公司治理建立"三会"（党委会、职代会、管委会）制度，行政管理上，实行场长负责制和民主集中制相结合的管理制度。场长执行职工代表大会决议，并主持制定实施细则以及各项管理制度，对全场的财务有审批权，对生产经营管理工作有决策和指挥权，涉及公司重大事件的，提交党委会或管委会集体讨论审议。如果 F 林场集团管理层的素质和水平不能适应规模迅速扩张的需要，组织模式和管理制度未能随着规模的扩大而适时调整、完善，可能会影响 F 林场集团的发展，进而削弱 F 林场集团的市场竞争力。

（二）公司激励与约束机制方面的风险

随着公司生产规模的扩大和科技水平的提高，各类管理、营销、技术人才是公司开拓进取的根本保证，如公司内部激励与约束机制不健全，将不能有效地吸引人才、激发员工的积极性，势必影响公司未来的发展。

（三）突发事件引发公司治理结构突然变化的风险

F 林场集团已经形成了林场管委会、职工代表大会和各职能部门相互配合、相互制衡的较为完善的林场治理结构。但如果发生突发事件，如生产安全事故、公司管理层发生重大不利情况，造成 F 林场集团管理委员会和监事会等无法履行相应职责，将对公司治理机构产生重大影响，F 林场集团存在突发事件引发公司治理结构突然变化的风险。

（四）场长缺位的风险

根据广西纪检监察机关 2015 年 4 月 8 日对外披露的信息，F 林场原场长（法定代表人）涉嫌严重违纪，无法履行职务。为此，2015 年 3 月 25 日，广西林业局决定，由 F 林场常务副场长临时主持 F 林场的日常工作。

四、政策风险

政策风险，是指因为国家政策及法律法规发生变化而引起的风险。政策风险是国有林场最难以回避的风险，其中税收法规及林业税收政策、环保法及相关硬性标准、森林采伐限额相关规定是对国有林场影响力度最大的几项。

（一）税收优惠政策变化的风险

根据财政部、国家税务总局颁布的《关于以三剩物和次小薪材为原料生产加工的综合利用产品增值税即征即退政策的通知》（财税〔2006〕102 号）、《关于以农林剩余物为原料的综合利用产品增值税政策的通知》（财税〔2009〕148 号）、《关于调整完善资源综合利用产品及劳务增值税政策的通知》（财税〔2011〕115 号）的规定，公司以林区三剩物和次小薪材为原料生产加工的纤维板产品享受增值税即征即退的优惠政策和暂免征收企业所得税的税收优惠政策。如果今后增值税优惠政策不能延续，将对企业的盈利能力产生重大影响。

2008 年《中华人民共和国企业所得税法》实施后，根据"新所得税法"第三十三条和"新企业所得税法实施条例"第九十九条的规定，F 林场集团属于"以《资源综合利用企业所得税优惠目录》规定的资源作为主要原材料，生产国家非限制和禁止并符合国家和行业相关标准的产品"，其取得的收入减按 90% 计入收入总额缴纳所得税。同时，林场本部从事林木培育、林产品采集、林产品初加工等业务取得的所得符合《企业所得税法》第二十七条第（一）项及《企业所得税法实施条例》第八十六条的减免条件，从 2009 年 1 月 1 日起执行企业所得税优惠政策，免征企业所得税（批准文件：广西壮族自治区直属税务分局《企业所得税备案税收优惠备案告知书》，编号：2010 年第 11 号）。林场本部经营范围林业、林材，符合《增值税暂行条例》第十六条第一款第（一）项及《增值税暂行条例实施细则》第三十一条第（一）项的规定，从 2005 年 1 月 1 日起，免征林业种植业务方面增值税（批准文件：南宁市兴宁区国家税务局《纳税人减免增值税情况登记表》）。

另外，F 林场集团还享受涉农免征营业税（《广西地方税务局关于进一步明确涉农劳务税收问题的通知》（桂地税发〔2008〕99 号）），林场基本建设项目享受 3% 的中央财政贴息（《基本建设项目中央财政贴息资金管理办法》（财建〔2007〕416 号），如林场速丰林营建项目等），林场林业项目贷款享受 3% 的中央财政及地方财政贴息（《财政部 国家林业总局林业贷款中央财政贴息资金管理办法》（财农［2009］291 号），如林场建设的人造板企业、用于造林抚育的贷款等），林业生产用油价格补贴（《财政部　国家林业总局林业成品油价格补助专项资金管理暂行办法》（财建［2009］1007 号））第四条规定：当国家确定的成品油分品种出厂价，高于 2006 年成品油价格改革时的分品种出厂价，即汽油4400 元/吨、柴油 3870 元/吨时，启动补助机制；低于上述价格时，停止补贴。F 林场集团 2011 年起至 2015 年 9 月共获得林业生产性用油补贴 20680.43 万元（其中：2011 年 2293.87 万元、2012 年 4068.76 万元、2013 年 5343.00 万元、2014 年 4313.30 万元、2015 年 4661.50 万元）。由于 F 林场集团所属行业为国家鼓励发展行业，享受多项优惠政策，但不排除国家有关部门未来调整以上优惠政策从而对企业盈利能力带来重大影响的可能。

（二）环保标准变化的风险

F 林场集团"高林"牌纤维板（2～40mm）已通过国家产品质量免检认证，2004 年通过了质量、环境、职业健康安全的"三合一"管理体系认证；2009 年通过了美国加州空气资源管理委员会 CARB 认证，为产品拿到了出口欧美国家的"绿色准入证"；2010 年分别通过国际森林经营管理 FSC‒COC 产销监链认证和取得中国环境标志产品认证（十环认证）。但中（高）密度纤维板由于产品生产工艺特点，不可避免地含有一定数量的游离甲醛。

2011 年 7 月 1 日起，美国大幅提高甲醛限量标准：带单板芯的硬木胶合板甲醛释放量不得超过 0.05ppm，中密度纤维板甲醛释放量不得超过 0.11ppm，刨花板不得超过 0.09ppm。我国的标准，甲醛释放限量等级的环保标准分 E0、E1、E2，最初 E1、E2 这两个标准产生于德国，由"EGGER"制定，之后引作欧洲标准。E0 则产生于日本，是要求最严格的环保标准。2010 年 7 月 7 日，美国正式签署《复合木制品甲醛标准法案》（S.1660）。该法案已于 2011 年 1 月 3 日生效，并分阶段实施。该法案是美国历史上最为严格的甲醛限量标准法案。以刨花板为例，我国现行国家标准是参照欧盟限量标准制定的，其甲醛释放量不得超过90mg/kg，而美国新法案规定的刨花板甲醛释放量在 2011 年 7 月 1 日后不得超过0.09mg/kg，整整高出我国标准 1000 倍。按照法案规定，从 2012 年 7 月 1 日起再次提高甲醛限量标准：带复合芯硬木胶合板甲醛释放量不得超过 0.05ppm，薄身中密度纤维板不得超过 0.13ppm。人造板和家具等木制品是我国大宗出口商品，美国又是我国家具、人造板等木制品出口的主要目标市场。美国法案限量标准的提高，可以促进我国板材加工业技术进步，促使企业加速"洗牌"，对企业新技术研发、新型低毒或无毒环保胶黏剂的应用、产品质量的提高都会带来积极影响。但同时，随着国内外环保标准和消费者对中（高）密度纤维板环保要求的不断提高，可能存在因环保标准变化而导致的相关风险。

（三）木材采伐销售受森林采伐限额指标限制的风险

林场通过自建自营和合作共建两种方式造林。自建自营模式下林场直接与施工（或造林专业户）签订造林合同，合作共建模式下则由林场出资，合作方负责造林相关的工作，林木销售产生的收入由合作双方按照合同约定的比例分配。林场设有育种机构，造林所使用的苗木大部分由林场自己培育，少量从外部采购。林场经营的速丰林根据树种不同，轮伐期一般为 5～10 年不等。林场每年的采伐指标由广西林业局下达，由于采伐指标根据《广西壮族自治区"十二五"期间年森林采伐限额编制实施细则》及各林场的预计出材量编制，会与林场的实际情况存在一定差异。

从近几年的实际采伐情况看，林场实际采伐量均小于当年获得的采伐指标，2012～2014 年采伐量分别为 57.04 万立方米、60.92 万立方米和 69.48 万立方米。由于该林场 2011～2015 年的采伐限额有总额限制，2015 年根据计算得出的采伐指标较以前年度有所下降。采伐指标的减少将直接限制林场的实际采伐量，可能会对该板块营业收入产生一定的影响。

广西境内林木的采伐需由专业机构对年森林采伐限额进行合理编制，编制报告通过广西林业局组织的专家评审后，每年以文件的形式将当年的森林采伐限额下达给各个地、市、区、国有林场，未经批准不可超限额采伐。采伐指标下达后，还需到林地所在林业部门办理采伐证。林场木材采伐数量受当年下达的森林采伐限额指标的限制，如果当年取得的森林采伐指标不足，或者采伐证办理进度较慢，则会影响当年木材的砍伐和销售，进而会影响到林场当年的收入和利润。

五、技术风险

技术风险，是指由于现有技术上存在局限性，无法满足实际环境需求而可能造成的损失。对国有林场来说,技术风险主要受财务核算制度、信息化程度和技术人才等因素影响。

（一）审计风险

基于林场具有企业和事业的双重特点,因此林场在管理过程中就会要统筹兼顾生态效益和经济效益,也应该依此确立林场经营目标和考核。在此性质背景下,林场经营的对象既包括商品林也包括公益林,在资金管理中呈现综合程度高的特点。因此资金管理中既要将用于公益林经营的部分国家林业拨款及自筹资金两类资金统筹运用,又要分类做好收支计划。原事业单位会计制度实行以收付实现制为会计基础的预算会计核算,在改为以权责发生制为基础的核算时,需要做大量的会计核算调整。会计分录的调整涉及固定资产的折旧、无形资产摊销等项目。只有如此才能实现由收付实现制改为权责发生制的调整,形成权责发生制下的政府部门综合财务报告。在此过程中,势必会增加财务工作人员的工作强度和工作难度,也可能产生政府综合财务报告与单位报告账面金额不一致的情形,因而产生审计评估方面的风险。

（二）财务核算政策变化

新政府会计准则制度于 2018 年 8 月 16 日颁布,要求从 2019 年 1 月 1 日起在全国各级各类行政事业单位全面执行。《国有林场（苗圃）财务制度》颁布于 2017 年 6 月 26 日,要求施行时间为 2018 年 1 月 1 日。而旧《国有林场与苗圃会计制度（暂行）》施行时间为 1995 年。也就是说,旧林场会计制度实施了二十多年后,于 2018 年改用新林场会计制度,但一年后,于 2019 年又改用新政府会计制度,可见准则变换频繁。而根据相关会计科目的变化可看出,旧林场会计核算制度中事业单位企业化管理特征明显,多处采用类似企业会计准则的会计科目,新制度则完全使用政府会计的相关概念框架和会计处理方式,充分表现国有林场从"自收自支的生产性事业单位"向"公益服务型事业单位"的转变。新旧会计制度的衔接与短时间内要求调节和适应此差异,均会导致林场在财务核算技术层面无法准确把控风险。

（三）信息化系统尚待完善

林场的数据涉及面很广,包含森林资源信息、木材生产和产品制造信息、单位内部工作人员相关信息等，还包括资源材耗等用于生产决策、管理监督所必需的信息，费用实际开支状况以及预算指标等关键机密信息数据。这些数据对林场进行风险管理是不可或缺的，但因技术受限，而一直无法有效全面汇集。

因森林资源时刻处于变动过程中，虽林木生长速度缓慢，但各种天气等环境却时刻可能产生骤变，所以如何应对这些动态变化就有赖于信息数据监测和分析平台。自2012年以来，在广西林业局统一部署下，目前，仅有部分市辖区使用森林资源管理信息平台，对森林资源实施信息化检测。许多国有林场在森林资源的信息检测工作仍不够完善，同时，也缺少智能化林业调查装备与技术，对森林各项数据进行实时监控，从而无法及时根据动态变化更新数据库以期更加客观、全面地反映国有林场的实际经营状况。

（四）技术人员配备不足

广西国有林场为广西全区生态建设和森林资源保护做出巨大贡献，其人才队伍的质量尤为重要。然而，广西国有林场人才队伍现状总体不乐观、多忧少喜。编制外人员比例过高，管理类工作人才比例太高而专业技术类人才比例较低，硕士、博士高学历背景的专业技术人才更是严重不足，林场中层以上人员专业知识储备有待提高。专业技术人员中起关键的创新作用的研究生学历人员比例极低，大学本科和大学专科仍是专业技术队伍主力，而工勤技能人员中技术含量更低，其工作人员中中专与高中及以下学历的人占比超过90%。

第二节　广西国有林场风险管理对策

一、提升和完善国有林场经营方案的编制

在中国，有关林业固定资产的投资，主要来源于国家政府，整体出于国家战略发展的角度，其对林业固定资产的投资方面，并没有立即在经济效益的拉动上体现出来。如果政府仅仅希望对林业的投资能立即拉动经济的增长，必然会将资

金投入那些直接产生经济效益的部门和领域；若想寻求长远的经济效益，政府则会将资金投放于对林业进行的基础建设，或者一些能间接促进经济增长的有关产业。在对林业固定资产进行投资时，要注意协调投资与经济发展的关系，因此有三个关系需要处理好：

首先，协调直接生产投资和林业基础设施建设的关系。在一般情况下，将资金投入直接生产，会直接产生效益，对短期林业经济的促进，有明显的效果。反之，若将资金投入林业的基础建设中，其对经济的拉动并非那么明显，有相对滞后的状况。

其次，协调好对基本建设进行的投资和对现有设备进行更新改造投资之间的关系。对林业固定资产进行更新改造，其对经济效益的拉动作用，相较于基础投资建设能更快地反映在林业生产活动的经济效益上。

最后，协调好新建设投资，与改建投资、扩建投资之间的关系。通常经过改建和扩建的固定资产，能够快速应用于生产，有助于减缓基础建设投资对林业经济拉动带来的滞后效应，能够相对较快地促进林业经济的增长。并抓住广西与东盟等海外各国的密切友好合作，扩大境外开发采伐的政策机遇，将境外采伐项目的以劳务换原料的合作模式转化为共同经营，集生产、运输、加工生产链一体化的合作模式，以提高国有林场的经济效益。

在处理好以上的三个经济关系之后，政府对林业的投资和建设更应该从科学发展的观念，可持续发展的角度出发，在林业基础设置投资产生滞后性的情形下，考虑如何能使林业经济得到长足的发展。

二、完善财政投入保障机制

（一）中国林业财政投入现状

中国对经济发展的探索历经三个阶段，从计划经济时期，到有计划的商品经济时期到现在社会主义市场经济时期，不同的经济发展方式下，有不一样的财政政策和经济状况，因此，对林业的投入与管理的也不尽相同，甚至存在着较大的差异。

在 1953～1979 年的计划经济时期，国家财政资金的管理属于高度集中管理的模式,由国家政府分配到各行业各领域,资金在基本建设经济、技术、计划、财务等方面统一进行分配。在计划经济阶段,财政投入用于林业基本建设的资金164.70亿元,平均年增长9.05%。

在1980~1991年的有计划的商品经济时期,我国进行了一轮财政体制改革。在1980~1984年在多数省份进行划分收支、分级包干的预算管理体制。同时,企业上缴国家的利润,也采取"基数包干,超收分成"的形式。改变了此前国家财政统收统支的管理方式。在这个时期内,财政投入林业建设的资金为180.04亿元,年均上涨9.89%。

1992年,中共中央提出要建立社会主义市场经济体制,此时全国经济欣欣向荣,财政状况处于一个良好的局面。林业行业的发展,也由原先的木材生产加工以获取经济利益的方式,转变为以生态建设为中心,以产业化文化来指导林业林场发展的思路,这时候财政在林业方面的投资呈现出明显的变化。

(二) 完善财政投入保障机制

林业有其自身的特殊性,比如说有更长的生产周期,管理也比普通的产业更困难。与传统的农业种植相比,林木的生长需要更长的时间,即便是成长较快的林木品种,也需要六年左右。与制造业工业相比,林木不能像其他一些原材料、半成品等置于封闭的环境之中;林木在自然开放的环境中,不可避免地受到环境的影响,诸如火灾、冰冻灾害等。除了自然的灾害,也避免不了遭受来自任意砍伐、盗窃的风险。在林木资源的生产维护过程中,不可避免地暴露在这些风险之中,同时,伴随风险而来的是收入的不确定性,收入的不确定性则需要通过保险以及政府的支持来解决。1949年来,我国也曾在森林保险领域探索,但是基本上都失败了,原因在于,林木资源面临的风险较高,一旦发生意外,赔付的金额较高,一般商业保险公司都难以承担。在2003年的集体林权改革之后,国家进行了森林资源保险改革,森林保险不再由商业保险承担,而是交由中央财政森林保险保费补贴。

因为林业保障预算投入受到经济水平、筹资标准、财政状况、社会承受力等因素的显著影响,林业保障支出属于刚性支出,因此需要完善财政投入保障机制,科学周密的预算安排,才能实现收支平衡,呈现良好的财务状况,以便更好地达到融资条件。鉴于广西国有林场的定位，以及其对广西生态环境建设的重要意义，要提高财政直接投资在林场事业发展中的比重。近些年来，随着广西经济的发展和财政收入的快速增长，广西政府的财政实力和资金储备不断增强，财政预算资金能够作为城市建设资金的重要来源之一，为国有林场提供更多现实可行的资金支持。林业保障预算编制要稳妥、全面、细化。各项林业保障资金应基于"量入为出"原则，按照大口径编制收支预算，以免出现赤字预算。各项林业保障资金预算支出内容应完整、不漏项。

（三）加强预算管理

国有林场应以战略目标为导向，注重业务驱动全面预算管理，即首先对林场本年度的生产经营进行合理的规划；其次，在规划的生产经营活动的基础上预估其财务数据；最后，根据预估的财务数据来预测林场本年度的财务成果。

业务驱动预算的编制逻辑主要包括以下三个步骤：

第一，从国有林场产能和市场需求的平衡中寻求预算决策，这是预算编制的起点。国有林场的运营管理是在追求其产能与市场需求之间平衡的同时追求社会效益的过程，而全面预算的编制就是以这个供需平衡作为决策的依据，将整体决策进行细化并落实。

第二，确定各个责任部门的任务，这是业务驱动预算中最为关键的部分。在确定了年度运营管理方案后，每个责任部门应该落实具体的工作任务和计划，并进行相关的任务安排、计划和预测。

第三，形成具体的执行安排，产生预算编制的结果。

三、优化国有林场融资结构

资金短缺，融资渠道少已经成为制约广西国有林场发展的重要因素，国有林场要把自己拥有的有形和无形资产转化为可以增值的"活资本"，最大限度地实现国有资产保值增值，就必须解放思想，深化国有林场改革，使国有林场从政府部门的"后进生"转变成真正自主经营、自负盈亏、效益好的"优等生"。这就要求国有林场用发展的眼光看待问题，以科学合理方式制定融资策略，选择适宜林场发展的融资模式，实现融资渠道的多元化，兼顾融资收益与相关融资风险。

（一）政府树立生态效益考核指标

在明确广西国有林场功能定位基础上，政府要加大财政直接投资在林场发展中的比重，可适当增加项目工程的财政资金扶持，发挥政府投资项目对促进发展的带动作用，增加对国有林场财政预算管理，建立起稳定长效的财政投入保障机制。

（二）用活用足政策性贷款

由于银行借款具有办理手续简便，时间短、政策规定明晰和支持项目范围广等特点，是现阶段广西国有林场对外融资的最主要方式，应该长期坚持。但是，国有林场的银行借款绝大部分仅仅局限于国内商业银行借款，国有林场应该根据政府的引导，拓展向国内非金融机构、政策性银行、外国商业银行甚至国际金融组织借款。国家林业局与国家开发银行于2015年就国家储备林等重点领域开展建设工作签订了合作协议，从国家的层面推动林业融资问题。广西国有林场是最大的受益者之一，国家开发银行给广西林业授信280亿元用于国家储备林项目的建设。除国开行外，2016年6月广西林业厅与农发行广西分行签订《共同支持林业发展合作协议》。政策性银行的借款期限较一般商业银行借款长，农发行最长为15年，国开行为27年，并且具有借款利息低、财务指标要求低、贷后限制少等优势特点，很符合国有林场行业特性需求。国有林场应该在政策的引导下，积极争取政策性银行借款。积极争取政策性借款一方面解决了林场融资的难题，另一方面也从侧面敦促其他的商业银行调整降低对国有林场贷款限制，制定更有利于林场借款的政策。

（三）深化林场内部资金拆借，搭建林业融资平台

国有林场内部之间相互拆借资金的模式局限于区直林场，广西林业局为了提高区直林场的资金使用效率，同时也能帮助资金短缺的林场解决暂时的资金困难，制定了内部拆借资金的相关规定。以广西国有东门林场为例，2016年全年共给区直兄弟林场拆借资金6次，累计金额高达1.25亿元，获得320多万元的利息收入。但是，林场内部拆借资金模式现阶段并未获得广泛推广，市县一级的林场无法惠及，存在一定的局限性。要深化林场内部拆借资金模式，搭建林业融资平台是最好出路。

成立林业财务公司。林业财务公司是林业财务结算中心的"升级版"。它通过建立快捷、高效的资金融资结算平台,加快集团内资金的运转速度,提高资金使用效率;也可以将集团的资金集中管理,可以有效监管集团内各家林场的资金的收付,保证国有资金安全的同时,也可以让林场享受资金规模效应带来的实惠。但是,虽然广西林场满足了《企业集团财务公司管理办法》中要求的一些组建规定要求,但是也还有很多条件尚未成熟,再加上现阶段国家政策对成立财务公司的控制比较严格,因此组建林业财务公司条件还未成熟,只有在林业财务结算中心运营正常、效益优良的前提下才有组建林业财务公司的可能。

成立林业银行。林业银行是继林业财务结算中心、林业财务公司后的"升级加强版",也是广西组建林业金融平台的最高理想目标。由于国家对组建银行的规定十分严格,广西林场的经营水平、财务状况、管理水平等都远远未达标,所以组建林业银行还需要一个更长时间的推进过程。

(四)持续扩大林业债券的发行

债券融资具有成本低、财务杠杆作用强、所筹集资金期限长、筹资的范围广、金额大等特点。林场可以根据资金需求的长短,发行短期或者中长期债券,筹集资金用于森林培育、速生丰产林基地、森林公园、人造板、林浆纸业、林产化工等重点项目建设。F林场2011年聘请光大银行作为承销商发行4亿元中期票据债券,已经为广西国有林场运用债券模式融资开创了先河,积累了一定的经验,其他林场可以复制其模式,吸取其经验,扩大林业债券融资模式。

(五)努力推动林场企业上市,发行股票筹资

广西国有林场,尤其是区直国有林场下属的部分企业或者广西林业局要求区直林场牵头组建的集团公司,具有经营状况好、经济实力强、资质信誉良好、财务管理规范等基础条件。同时,广西区政府和广西林业局也积极将有条件的林业企业尤其是林场企业推向证券市场。林场及林场企业应该抓住这一机遇,练好内功,如果条件不成熟,可以先培养林业企业区内的新三板上市,等条件成熟再向更高的证券市场迈进。

(六)探索发展林业投资基金

林业产业投资基金是一种新型的金融工具,林场的营林造林项目,尤其是商

品林的营造林项目,其资金循环周期很长,无法像其他制造业一般能很快将项目成果变现。资金循环周期长的特点实质源于林木本身的生长特性,即资金收回速度取决于林木本身的生长速度,即使是生长较快的速生树种(比如速生桉),走完一个完整的轮伐周期至少需要经过六年左右,这就意味着最快要经过几年的生产过程才能把该阶段的资金收回,这就导致了资金循环周期长且无法人为地进一步提速。

债券融资利息高且需定期换本付息,成本较高,会影响单位的融资决策和限制其现金流;IPO 上市融资门槛高且手续复杂,融资难度高,且上市后不仅受到政府的监督控制,还要接受股东大会的全面监督。相较之下产业投资基金的资金使用期限较长,能够在一定程度上契合国有林场的资金回收周期,从而能有效弥补林场生产发展过程中的资金缺口,有助于提高林场投资效率。

四、完善林业巨灾保险体系

历来政府被认为是直接负责救灾和灾后重建,也在大众心中形成了防治灾害和补偿损失都完全是政府的责任的死板思维。但显然,森林灾害的防治和灾害所造成的经济损失所需投入的财力十分庞大,政府救济财力十分有限,同时,社会捐助和民事援助完全是自主意愿,具有极大不可控性。政府财政和社会捐助这两种方式的局限性非常明显,因此单靠这两种方式组成的风险管理模式并不能解决根本问题。

目前,中国尚没有像国外那样建立完善的林业巨灾保险体系,森林保险发展较为缓慢,林农面对巨灾,缺乏基本的生产和生活保障。而林业巨灾通常损失巨大,对中国各级保险机构来说赔偿负担过于沉重,其承保能力和保险技术无法承担,从而致使其不敢单独去承担森林举债保险业务。因此,需在分析目前中国林业巨灾保险制度现状、存在的主要问题及其深层次原因基础上,考察美国、日本、法国三种具有代表性国家的农业巨灾保险制度模式及其特征,并借鉴国外成功经验,建立以保险为重要内容的政府主导,市场化运作的多元化、多层次林业巨灾保险风险分散体系。同时,为保证该模式的顺利实施,提出了构建"公平有效、形式多样"的财政补贴政策;建立"银保合作、协同推进"的巨灾保险风险分散运行机制等中国林业巨灾保险制度的保障措施。

林业巨灾保险作为传统的拒载风险分散工具，还有一定的局限性，基于我国国情，可拓展林业局在保险体系积极探索分散风险的工具，其中再保险、巨灾债券和基金、天气指数保险是已被国外实务界和国内理论界证实能在一定程度上有效分散林业巨灾风险。

再保险是政策性林业保险公司与省级政府进行分保合作，保险公司提供一定比例的再保险服务，政府则提供财政补贴，在保险公司账户余额不足以承担赔偿负担时予以补充，从而把巨灾风险在全国范围内分散开，达到降低风险的效果。

巨灾债券和基金则是由林场联合政府一起设立，通过资本市场来分散风险，其募集的资金除了用于赔偿支出和灾后重建外，剩余部分还可通过投资资本市场以达到保值、增值效果。

天气指数保险在我国出现较晚，是以特定气象下所测定的投保人的产量或收入的数据为理赔依据，在天气指数达到保险合同约定水平时，被保护的生产者就可以按照约定合同从保险公司获得赔偿。

五、建立林企一体化风险监督信息系统

林企一体化风险监督信息系统是一个以地方森林资源管理信息系统为基础，集合计算机、地理信息系统、遥感、全球定位系统等高新技术，为各级森林资源监督管理部门、国有林场及其下属林业企业等多元的决策主体提供及时准确的森林资源消长状况、林政管理监督信息、经营活动业务流程和动态等为做出决策提供支持的数据的管理信息系统。

林企一体化风险监督信息系统应以计算机网络为支撑平台，分设风险评估、风险监测和风险控制三个子系统，建立风险识别、风险分析、损失报告、交易监控、安全分析、风险预警、风险转化、损失补偿、风险应急等关键模块，实现森林资源监管机构与中央和地方森林资源管理信息系统的互联互通。

在林企一体化风险监督信息系统中，作为核心单位的国有林场可以掌握该信息系统上所有信息数据，林地管理、林政案件、征占用林地、林权证发放、采伐证发放、运输证发放等与资源林政管理有关的业务信息和森林资源的产权界定、资产清

算、核算和有偿使用等资产管理方面的数据以及育林基金、生态公益林补偿基金等财务审计信息。而其他重要非核心的林业企业则可设置为受限访问，已实现风险信息的共享，当需要获取诸如伐区作业设计、统计年报、采伐限额管理、伐区作业管理等方面的风险信息时，林业企业可通过自己单位的风险管理信息系统中断进行权限访问，从而掌握生产链的信息，以利于配合国有林场进行风险管理。

应设置林场及其下属林业企业的预警指标值，以便于实时监控其盈利能力、营运能力、偿债能力和发展能力等状况。就不同的监控能力，重点选取具有代表性的指标进行观察和分析。一旦监测到指标出现异常波动，或是达到预警指标值，在森林资源监督信息系统发出警报提示后，应尽快分析其异常波动或出现预警指标值的缘由，提前预防风险，避免"星星之火"因被忽视而最终"烧毁全林"而酿成不良后果。

第八章　绩效管理

第一节　概况

一、绩效管理与绩效考核的界定

绩效考核（performance appraisal）与绩效管理（performance management）是两个不同的概念，在操作层面上存在极大差异，绩效考核仅仅是绩效管理过程中的一个环节，因此不能用绩效考核代替绩效管理。

绩效考核更加偏重于对事后结果进行考核，来归纳事件发生之后对过去的问题来进行评判。然而绩效管理却更加侧重于对事件事前的计划、事中的管理与事后的考核，最终形成的三位一体的整体系统。绩效考核应当是绩效管理中很重要的一个部分，也是绩效管理中不可缺少的组成部分。绩效管理最终的成败是要依靠绩效考核来支撑的。然而，绩效考核和绩效管理并不是相同的概念。绩效管理它是人力资源管理体系内的关键内容，然而绩效考核却只是绩效管理过程中的一个关键环节。

对于属性为事业单位的国有林场而言，绩效管理的概念可界定为：

基于事先拟定的绩效目标，为实现财政支出管理的目标，通过应用合理的评估分析技术和评价方法，按照既定的参考指标，对单位的财政收支过程中预算资金和所控制的资源的使用及成效进行衡量和综合评估的管理活动。

而绩效考核，则是绩效管理体系中的一套相对完整且正式的结构化制度，是用于衡量、评判和影响与员工个体工作相关的特征、行为与结果，主要包括绩效评价与反馈这两个环节。

由此可知，绩效管理可以构建管理人员与企业员工间的绩效合作伙伴的关系，而绩效考核会让管理人员和企业员工站在两个相对立的层面，使得二者的距离越来越远，可能会制造更加紧张的关系和气氛。

二、国有林场绩效管理的构成

F 国有林场是广西林业局直属大型国有林场，属事业单位性质，执行全面预算管理，需按照政府会计制度管理，而其下属企业则实行企业化管理，公司化经营、自负盈亏的同时收到不同程度的财政补贴。由于行业的特殊性，林场经营类的收支有不确定性，需要按照实际发生的情况做出适当的调整，通过预算调整的方式来完善全部财政预算管理。国有林场生产经营所产生的收入还可用于偿还生产中所产生的成本和金本建设生态管护支出。

国有林场在编制管理费用预算的过程中，一方面，要遵从一般企业在管理费用方面所采用的管理模式，分析其经营业务的业绩状况以及整体的经济状况，以求最大限度地做到费用合理化。另一方面，也要考虑到管理费用支出背后所产生的社会和经济效益。然而，广西国有林场作为有经营活动的事业单位，每年虽然得到国家财政各种拨款，但对于林场来说，这部分资金远远不能满足其发展要求，因此资金的使用效果、营运风险、融资效率等都是其不得不特别关注的方面。

综上分析，可知国有林场的绩效管理一般包括三个阶段：事前绩效管理、事中绩效管理、事后绩效管理。放在国有林场进行细分管理环节的话，事前绩效管理包括对发展战略与预算编制、融资方案编制和筹资、生产计划与成本规划等的绩效管理；事中绩效管理包括对战略实施与控制、预算的执行与监督、融资资金的使用状况、生产经营活动进展、经济活动的风险等的绩效管理；事后绩效管理包括对期末战略实现程度、预算使用成效与结果、整个核算期内的成本管理、经营活动经济绩效、融资活动的财务绩效、风险控制成果等的绩效管理。

现今，随着会计核算的新一轮改革，要想充分发挥绩效管理在事业单位管理中的作用，必须紧跟改革步伐，更新相关管理和财务理论，注重理论联系实际，将理论研究用于实践，指导实践，进而建立一套适合国有林场特色的绩效管理体系。

三、国有林场绩效管理的现状

自 2008 年集体林权改革启动后，时隔三年，于 2011 年，我国正式开始对国有林场进行改革，明确界定公益林国有林场和经济林国有林场各自所肩负的责任，并规定公益林国有林场将以国家补贴为主，目标在于保护和发展国家森林资源；经济林国有林场将进入市场，以经营收入为主，目标在于利用森林资源创造更大社会财富。国有林场的社会职能和经济职能的执行状况的评估，将为国家了解林业和作出相关决策提供重要参考信息，对实现国家林业发展，改善生态文明环境有极其重要的意义和作用。国有林场所经营的森林质量的提升空间和提升成效如何，有赖于绩效管理所产生的评估结果。

目前，国有林场绩效管理的探索实践已取得瞩目成效，但我国目前正处于社会主义初级阶段，绩效管理工作也仍处于初级阶段。现今社会主要矛盾已发生新变化，物质文化需要和人民日益增长的美好生活需要与不平衡不充分的发展之间的矛盾，国有林场的绩效管理与新形势的要求之间还有不小的距离，在建设健全制度体系、优化内部结构、加强各方面保障力度等方面还存在不足，仍需要进行深入改进和创新。

（一）政策制度制约预算状况反映的实践性

尽管企业绩效管理的研究和发展亦颇有成果，但国有林场所属的政府体制的绩效管理（主要是预算绩效管理）工作才刚刚起步，尚有较大局限性。体现在法律层面就是，目前尚无规章制度级别的法律以明确各部门开展绩效实践工作的职责，至今仍处于摸索阶段，停留在财政部和各自治区、省、市财政厅出台的一般性、原则性和规范性文件层面。财政部于 2011 年就如何推进预算颁布了指导意见，广西财政厅于 2015 年印发了《预算绩效评价结果应用暂行办法的通知》（桂财办［2015］34 号）。后来为了强化区直部门预算绩效意识，推动其提高预算绩效管理水平，广西财政厅在 2018 年分别就 2017 年的预算项目的再评价和区直部门整体支出绩效评价印发了通知。

现行的《预算法》及实施条例在绩效管理方面均尚未有明文规定，也缺少其他法律法规的条款进行补充。没有有关地方政府绩效的全国性政策法规，也缺少全面的顶层通盘筹划和法规保障，再加上各国有林场的工作开展绩效工作程度不同，导致绩效管理虽已提倡多年，也尝试时间多年，仍处于大方向学习了指导意见和规范性文件的精神，但实际可操作性不强，且出台的许多规范性文件属于有问题就马上打补丁的功能，时间间隔较短，前后系统性不足，不能满足具体工作的开展需求和解决过程中产生的认知分歧，一定程度上阻碍了预算执行状况反映的提升和深度开展。

在缺少系统性政策法规背景下，各国有林场的绩效管理工作都是自行摸索，因角度不同而各自自成一套绩效评价体系，基本都是靠本单位的主要领导对绩效管理工作开展的态度和重视程度。假若主要领导重视，则会自发启动和开展绩效管理工作，并能带动有关部门进一步制定单位规定，明确绩效管理的工作机制、评价依据、具体操作指南、评价结果的分析和报告等具体细则，以弥补规范性文件可操作性不足。但假若主要领导对这项工作认识不足，关注不够，则绩效管理的工作就会受到制约，其工作的广度、深度和力度无法提升。

（二）绩效管理开展的基础条件不足

绩效管理不只是单个部门或简单几个人就可以完成的工程，它需要从多方面完善基础配套设施，形成有力的保障支撑。根据前文所说的国有林场绩效管理构成，可知绩效管理是一个复杂的系统工程，牵涉到整个单位的生态产业链，如战略、预算、投融资、财务核算、生产经营等。每个环节的配套基础是否完善，关系到绩效管理能否顺利推行和开展。但总体来看，目前各环节对绩效工作的基础保障都还不到位，主要表现为以下几方面：

1. 财务核算系统尚未完全衔接

F 国有林场作为事业单位，其总预算会计、事业单位会计以及其下级企业分别按照自己的会计制度执行。记账时易混淆或错位理解，导致会计信息无法顺利衔接，同时也增加了各个部门之间的沟通成本，使得工作效率降低，影响了政府部门对其的管理效率，同时也降低了会计信息质量。这都不利于对经营活动做出统计和管理，不能切实地反映财务状况，从而无法为绩效管理提供全面、客观的考核信息和数据。

2. 战略宣传和培训不到位

2011 年，国务院曾尝试在北京市、吉林省等八个地区进行对地方行政机构的各职能进行绩效管理试点。但就当前开展工作情况而言，可知国有林场绩效管理工作还处于停滞状态，试点的绩效管理方法尚未普遍推广至全国。这其中的原因包括：舆论引导、强化工作等方面的工作力度不足；国有林场本身的行政职能与政府职能之间的界定模糊，其社会职责和经济职责交叉投射在其所提供的生态产品和经济产品上，无法明确区分职责；绩效理念受到地方官僚主义的冲击，利益格局与绩效管理的理念相冲突，进而导致绩效管理工作的启动和推进遭受极大阻力。

3. 经营机制和产业结构尚需调整

国有林场当前存在管理体制不顺、经营机制不活、领导功能定位不清晰、林场属性不明等问题，进而导致国有林场政事、事企未分，管理混乱，经济效益低下。由于国有林场的属性界定不明，林场产权结构不清晰稳定，为绩效管理的工作增加了难度。而占林场成本比重最大的营林成本存在核算对象选择多样化、核算期的不统一，以及成本核算繁琐导致的数据滞后性现象，使得森林资源的成本统计口径的不一致，而成本统计口径的差异性进一步引起了营林成本核算结果的不可比。而绩效管理中的绩效考核环节对考核结果要求具有可比性，同一家林场的不同下属单位所使用的统计口径不同，导致以此得出的绩效评价结果横向不利于比较；而同一林场也会由于前后期使用的统计口径不同，可能导致历史数据无法进行比对，即纵向不可比。成本信息的不可比，微观层面上不利于林场对成本管理的统筹规划，难以分析导致利润波动的影响因素；宏观层面上不利于对整个林场的经营发展状况进行绩效管理。

4. 绩效管理队伍建设不足

具体工作中，由于国有林场相关单位的职责和定位不同，部分工作人员局限于本位思想，在工作绩效考评过程中仍按原工作习惯和固有思维进行"绩效管理"，资料的收集固定也仅限于本岗位，缺乏对所搜集的信息数据是否能真实可靠反映林场的经济活动特殊性的调查和分析，阻碍了后续绩效考核工作。而绩效管理工作量大且覆盖面广，不仅对专业财务知识有要求，还要求绩效管理人员对管理、经营业务和实际操作都有所涉猎，不然会因无法理解工作而降低绩效管理的开展效率，此时便需要高素质的专业绩效管理团队。

5. 对绩效管理认识不足

林场许多地方仍采用传统业绩评价模式进行绩效工作考核，比如不重视绩效评估结果，在职位升迁、奖惩等决策时将绩效评估结果排除在考虑范围，以个人年度心得总结报告代替第三方人员或整个部门对其工作结果的考核，从而使绩效管理的监督功能仅仅流于形式；又或者过度强调绩效评估结果，采取类似私营企业的末位淘汰等严厉措施，给工作人员施加了过大的压力，甚至导致为了制造绩效结果达到要求而故意伪造或篡改数据，严重扭曲绩效管理的初衷。这些现象都表明林场自身对绩效管理的认识水平不足，过于浅显，未深入理解其精髓所在，从而没有很好地发挥绩效管理所应有的作用。

（三）绩效评价体系和技术的改进难

一方面，绩效评价环节缺乏统一衡量标准。林场所属的子公司尚可按照生产目标进行定量绩效管理，但林场本身，尤其是以公益林为主的国有林场，几乎很难用定量指标区衡量其社会效益和生态效益，而采用过多主观的定性指标的副作用，绩效评价结果呈现扁平化和单一化，不方便日常监督和控制，也不方便进行分析以便进一步工作的调整和改善，易造成为了绩效评价而评价的现象。绩效指标设置得不完善，使得绩效评估结果无法反映林场的真实绩效，也就无法区分优劣从而降低职工的工作积极性。

另一方面，绩效评价技术信息化水平不足。要想将绩效管理全面覆盖，单靠人工审核是远远不够的。目前，仅海南、广东等极少数省份单独开发了专门的绩效管理信息化系统，大部分地区还只是在预算管理系统增加绩效管理模块，这在一定程度上约束了绩效管理的执行范围。绩效管理不只局限于预算绩效管理,国有林场作为特殊的事业单位,业务总量大,种类繁多。不仅纵向形成了从上游供应到下游销售的完整的产业链,同时横向地发展多元化经营业务,包括经济林、速丰林、人造板、土地与房地产开发、商贸物流等主营业务,也包含有林业设计、肥业、小额贷款等副业。要想处理数目庞大的项目绩效评价并将其与计划进行对比分析,没有先进的现代化信息系统,将制约绩效评价的操作效率、权威性和准确性。

(四)对绩效管理的各个环节重视程度不一

国有林场整个生态体系庞大,包括林区、生产企业、行政部门、附属社会福利机构等。无市场竞争压力的机构,相对面对激烈市场竞争的机构,更重视绩效管理,因为其试图通过绩效管理激励内部的运行效率,从而提高竞争力。难以获得定性定量产品信息数据的林场比能清晰核算生产经营活动的林业企业更难推行绩效管理。负责对公益林的生态效益的机构比负责商品林的经济效益的机构更难推行绩效管理。各个机构对绩效管理在观念和认知上存在不同程度的差异,也就使得其对绩效管理的重视程度轻重不一,最终导致绩效管理工作推行效果不平衡的局面。

第二节　国有林场绩效管理的构建

一、国有林场的业务类型及其适用的绩效考核类型

(一)国有林场的业务类型

以 F 林场为例,简要概述其主营业务类型,通过对不同业务类型的分析,来建立符合其特点的绩效考核类型。

林场主营业务主要包括营林、人造板和森林旅游三个方面,其中营林体现的是林场的生态效益,人造板则是展示林场的经济效益,而森林旅游是体现林场的

社会效益。通过这三个方面的协调统一，林场将进一步实现生态效益、经济效益与社会效益同步。

1. 营林

林场的营林业务以经营公益林为主，以造林、育林和保护为重点，以改善生态环境为目标，最大限度地发挥森林的生态和社会效益。同时，要积极优化林种、树种结构，增强自身活力。

2. 人造板

林场人造板产业历经 20 多年的发展成长，已发展成为林场支柱产业。2014 年，林场被我国林业产业联合会评为"全国林板一体化产业示范基地"。目前，林场拥有 1 家自治区重点扶持、控股 90% 的拟上市集团公司——广西 F 国有林场下属企业，下辖 5 家人造板公司，拥有 7 条人造板生产线，人造板产能规模达 90 万立方米。

林场人造板产业以市场为导向，以效益为核心，自主经营，自负盈亏，政府按基础产业给予扶持。广西 F 国有林场下属企业作为林场下属的最重要的人造板公司，将根据其特色进行绩效设计，为林场其他附属企业的绩效设计起到模范作用。

3. 森林旅游

林场要打造独特的森林生态景观，做强森林生态旅游产业。广西森林公园·森林特色小镇项目是环南宁森林旅游圈的重要建设内容，项目建成后将进一步拓展首府南宁的森林生态休闲空间，为市民提供美食民俗体验、森林康养保健、登高揽胜探险等更为优质的生态服务。林场将充分利用和发挥丰富的森林资源优势，开发富有特色的森林旅游产品，打造独特的森林生态景观，做精做强森林生态旅游产业，助推环绿城南宁森林旅游圈项目建设。

（二）国有林场各业务适用的绩效考核类型

1. 营林适用的绩效考核类型

一方面，消费者并不要求国有林场的营林业务提供某些具体特定的产品，国有林场作为特定公益性产品的提供者，有一定的群体来决定其是否存在必要的需求，如社会对生态的需求等，所以尽管国有林场提供的各种产品可能是"无形的"或者是很难具体化的，国有林场的营林业务也有其存在的必要意义；另一方面国有林场的营林业务也不是公益性产品的唯一供应者，具有相同经营性质的林场形成了一种特殊的产业环境，有限的社会资源处于该产业环境内部，其中人、财、物等都具有竞争关系。因此，基于战略的平衡计分卡（Balanced Score Card，BSC）模型是适用于管理国有林场营林业务的。

BSC源自哈佛大学教授和咨询专家对一种绩效评价体系的研究，经过将近20年的发展，已成为企业战略管理的工具。基于战略的BSC模型在西方的国家公共部门和非营利组织中得到了广泛的应用，这更加从实践的角度，进一步说明了将此模型应用于国有林场营林业务绩效评价体系是具有可行性的。

2. 人造板适用的绩效考核类型——以广西F国有林场下属企业为例

主要有以下三种绩效考核类型：

（1）相对比较法。相对比较法是根据特定的比例将被考核者分为最好、好、中、差、最差几个类别进行考核的方法，而比例的具体划分要根据不同公司来确定。

（2）绝对评价法。

1）目标管理法（Management by Objectives，MBO）。其目标主要是针对产品的全生命周期成本进行的。具体实施主要是针对实施的核心部分——"实施中心循环"的三大阶段，即目标的设定、分解、达成进行分析，探讨具体实施情况。

2）关键绩效指标法（Key Performance Indicator，KPI）。KPI来源于意大利经济学家帕累托提出的经济学二八原理，主要为建立绩效考评的指标体系和确定绩效管理目标两个方面。KPI的主要目的是引导管理者关注员工的绩效考评，重点把握对绩效产生关键影响的那部分指标。

KPI分为定量和定性指标两大类。定量指标是以数据统计为基础，以统计数据作为指标的主要来源，通过数学模型的建立，计算出指标的数值；常用的数值指标包括工作的数量、服务完成情况等。定性指标则指难以通过数值计算获取的指标，主要由考评者依据定性指标的条目结合自身知识和经验，进行判断，如职业道德等。

（3）全视角考核法（又称360°考核法）。

全视角考核法是上级、同级、下级、相关客户和本人按各个维度标准对被考核者进行评估的一种考核方法。通过这种多维度的评价（通常是4个或4个以上），总结各个评估者的不同意见，则能够得到较为全面的反馈信息，同时要注意对评估者匿名需要的保护，往往适用于对中层以上的人员进行考核。

3. 森林旅游适用的绩效考核类型

林场的森林旅游与一般的旅游开发公司是不一样的，兼具经济效益和生态效益两种，同时还具备一定的社会效益，所以不能单纯地用企业的绩效管理或是非营利公益机构的绩效管理，要两者兼有，并且同时反映其社会效益。

二、国有林场各业务绩效管理的基本思路及构建原则

（一）基本思路

1. 营林

在对国有林场的营林业务绩效评价指标体系的具体设计时将着重从国有林场营林业务的战略确定、生态效益的评价两个方面展开。

（1）国有林场营林业务的战略确定。国有林场营林业务的战略确定，首先要考虑营林业务的责任和本质属性，正是因为营林业务对象——森林资源的特殊性，所以森林资源的本质属性基本上就是国有林场的经营本质属性。

森林资源是林地及其所生长的森林有机体的总称，主要指林木资源，还包括野生动植物、土壤微生物等其他与自然环境相关的资源。森林资源的本质经济属性主要包含以下五点：再生的长期性、功能的多样性、地域差异性、独一无二性和分布的广阔性等。其中，地域差异性、独一无二性和功能的多样性这三种属性决定了国有林场营林业务的经营管理适用于差异化战略。国有林场营林业务的主要经营特点应该是各具特色的"生态产品"，这样国有林场营林业务才能具备不同于其他业务的竞争优势。但是如果林场之间的地域、文化状况基本相近时，国有林场营林业务的经营管理也适用于低成本战略。

具体战略的确定及实施需要国有林场营林业务依据自身森林资源本质属性的特点，并立足于国有林场现有的森林资源状况来实现。

（2）国有林场营林业务的生态效益。随着我国经济的不断发展、社会的飞速进步，人们对于自然环境提出了更高的要求，国家对于国有林场营林业务的生态效益也越来越重视。国有林场营林业务的生态效益主要是指森林资源的生态效益价值，包括保水固肥、保持物种多样性与丰富性、净化空气以及改善生态环境等。而这些生态效益价值不比经济效益价值能够完全定量分析，所以在2008年4月，原国家林业局发布了《森林生态系统服务功能评估规范》，这本规范的发行给国有林场营林业务生态效益的评价提供了必需的参照标准。

虽然国有林场营林业务的生态效益不完全量化，但是可以通过各个国有林场进行横向与纵向比较的方法来判断其具体业绩的优劣。

2. 人造板

可从林场下属林业子公司的绩效管理的现状分析开始，借鉴国内外林业企业的绩效管理理论和工具，总结提炼出符合国有林场实际情况的基本战略后，确定战略与绩效管理之间的引导和被引导关系和途径。接着就林业的行业特性和林业企业的绩效特点，研究林业企业进行绩效管理的可行性分析报告，就系统目标、程序流程和实质性分析这几个关键部分进行深入分析，同时就绩效评价考核模型进行讨论。在以上绩效管理系统基础理论知识统一后，再形成最后的研究结论并明确需进一步讨论的未来发展。

3. 森林旅游

由于森林旅游社会效益本身难以划定界限，并且绩效评价所需的相关可靠信息搜集难度极大，所以在森林旅游绩效评价中不应该过多地强调社会效益。而森林旅游的经济绩效和生态绩效的方面就参照上面的营林和人工板的具体内容。

（二）构建原则

1. 营林业务

（1）全面性、科学性原则。国有林场营林业务在经营目标上要完成造林绿化、培育森林资源、发挥生态效益的任务。各指标之间，在解释功能上要互相配合，做到科学合理。

（2）系统性原则。体系的设计应全面考虑，指标体系应完备、成体系，具有结构层次性。一方面要求体系能够系统地反映林区范围内生态、社会可持续性的各个方面；另一方面要求体系构成一个目标明确、层次分明、相互衔接的有机体。

（3）可操作性原则。国有林场各业务在进行绩效管理时，必须重点考虑其可操作性原则。换句话说，就是要考虑到评估国有林场各业务所需指标基础数据的获取是难是易，同时又应该尽量选择使用综合性指标，以便于降低获取基础数据的成本。

（4）具体问题具体分析原则。尽管绩效评价指标体系具有一定的相似性，一些子指标体系存在完全相同的可能性，但是在具体细节方面依旧存在着巨大差别。因此，不同的系统其绩效评价指标体系不同，在建立评价指标体系时，必须严格遵守具体问题具体分析的原则，避免贪图省事而随意敷衍，建立千篇一律的评价指标体系。

2. 人造板

（1）公平原则。公平是确立和推行绩效考核制度的基石。如果不能保证绩效考核的公平，那么就无法达到绩效考核真正的目的。

（2）严格原则。如果绩效考核非常宽容，就等同于做表面功夫，如同虚设，这种做法不但无法反映员工的实际工作情况，而且还会在员工中树立不好的公司形象，产生消极的后果。

考核的严格性主要包括以下四个方面：第一，要确立明确的考核标准；第二，要在全公司树立严肃认真的考核态度；第三，要有严格的考核制度；第四，要有科学严格的程序。

（3）结果公开原则。如果要保证考核绩效体系的民主性，就必须对被考核者本人公开考核绩效的结果。这种做法有以下两方面的好处：其一，可以让被考核者对自己的优势与劣势有清晰的认识，从而使考核成绩优秀的员工能够做到再接再厉，不骄不躁，继续保持先进水平，同时也能够让考核成绩不够优异的员工奋起上进，勤奋努力，突破自己的不足之处；其二，有利于防止被考核者对考核结果产生各种偏见和误差的情况出现，以达到维护和实现考核公平合理的目的。

（4）奖惩结合原则。依据各个员工工作业绩的大小与优劣的不同，对员工进行客观科学的评价，同时要根据其业绩表现来保证赏罚分明，升降有序。不但要对员工进行精神上的激励，如口头表扬，在全公司通报等，而且还要对员工进行物质利益的奖励，如通过工资、奖金等方式进行。只有精神激励与物质利益的双重作用，才能保证考绩目的的真正实现。

（5）客观考评的原则。绩效考评应当依据真实客观的资料和明确规定的考评标准，对被考核人员进行评价。同时，在考评过程中应该尽可能地避免掺杂考评人员的主观感受和私人感情色彩。

（6）及时反馈的原则。如果考评的结果不能做到及时准确地反馈给被考评者本人，那么就无法起到绩效考核希望达到的教育作用。并且在反馈考评结果的同时，反馈者也应该向被考评者就评语进行说明解释，肯定成绩和进步，说明不足之处，提供今后努力的参考意见等。

（7）等级差别的原则。依据各个考评结果在工资计算、职位晋升等方面的应用，考核的等级之间应体现明显差别，从而使考评带有激励作用，鼓励员工保持积极向上、开阔进取之心。

3. 森林旅游

森林旅游的绩效管理原则是基于营林业务和人造板的汇总，内容与营林业务和人造板的汇总相同。

三、营林业务绩效管理考核指标的构建

（一）国有林场营林业务的生态效益指标

1. 森林资源培育指标

（1）造林成活率指标。封山育林标准规定：降雨量 400 毫米以上地区，设计乔木型的封育林地的成林标准：亩均成活乔木达 70 株以上且分布均匀。设计为乔灌型的封育林地的成林标准：亩均成活乔灌木达 90 株以上，且乔木比例达 30%（27 株）以上。计算公式如下：

造林密度 = 实际造林密度（株数/公顷、株数/亩，验收样方：株数/面积）

设计密度，树种不同、培育目的不同、自然条件不同、投资标准不同，其设计密度不同。

表 8 – 1   不同类型树种的封山育林标准

封育类型		乔木		灌木		草本	
		郁闭度	株树	盖度	丛数	盖度	丛数
无林地和疏林地封育	乔木型	≥0.2	≥70	—	—	—	—
	乔灌型	≥0.2	≥27	≥30%	≥63	乔＋灌≥90（株/亩）	
	灌木型	—	—	≥30%	≥70		

成活率的计算方法有两种：

1）成活率＝成活树木株数/栽植树木株数。

2）成活率＝单位面积成活树木株数/验收标准密度。

其中，验收标准密度的确定：

①确定依据：造林设计密度，成活率；

②计算方法：验收标准株数＝造林设计密度×成活率（降雨量400毫米以上地区成活率保存率标准：造林当年成活率85%以上，造林后第三年保存率80%以上）。

不同的计算方法，结果可能完全相反，成活率是个有争议的验收指标，具体使用哪种方法需要根据具体的林场状况而定。

（2）森林抚育验收指标。抚育方式包括透光伐、定株抚育、生长伐、生态疏伐、景观疏伐、卫生伐、人工修枝、割灌除草等。其中，人工修枝不作为单一抚育方式，采取综合抚育措施的，按照所采取各种抚育方式的标准进行检查。

1）透光伐。采取透光伐抚育后的林分应达到以下要求：

①林分郁闭度不低于0.6；

②在容易遭受风倒雪压危害的地段，或第一次透光伐时，郁闭度降低不超过0.2；

③更新层或演替层的林木没有被上层林木严重遮阴；

④目的树种和辅助树种的林木株数所占林分总株数的比例不减少；

⑤目的树种平均胸径不低于采伐前平均胸径；

⑥林木株数不少于该森林类型、生长发育阶段、立地条件的最低保留株数，分森林类型、生长发育阶段、立地条件的最低保留株数由各省确定；

⑦林木分布均匀，不造成林窗、林中空地等。

2) 疏伐。

采取疏伐抚育后的林分应达到以下要求：

①林分郁闭度不低于 0.6；

②在容易遭受风倒雪压危害的地段，或第一次疏伐时，郁闭度降低不超过 0.2；

③目的树种和辅助树种的林木株数所占林分总株数的比例不减少；

④目的树种平均胸径不低于采伐前平均胸径；

⑤林木分布均匀，不造成林窗、林中空地等；

⑥采伐后保留株数应满足透光伐中第⑥项的规定。

3) 生长伐。

采取生长伐抚育后的林分应达到以下要求：

①林分郁闭度不低于 0.6；

②在容易遭受风倒雪压危害的地段，或第一次生长伐时，郁闭度降低不超过 0.2；

③目标树数量，或 I 级木、II 级木数量不减少；

④林分平均胸径不低于采伐前平均胸径；

⑤林木分布均匀，不造成林窗、林中空地等，对于天然林，如果出现林窗或林中空地应进行补植；

⑥生长伐后保留株数应满足透光伐中第⑥项的规定。

4) 卫生伐。

采取卫生伐抚育后的林分应达到以下要求：

①没有受林业检疫性有害生物及林业补充检疫性有害生物危害的林木；

②蛀干类有虫株率在 20%（含）以下；

③感病指数在 50（含）以下，感病指数按 B/T15776 的规定执行；

④除非严重受灾，采伐后郁闭度应保持在 0.5 以上，采伐后郁闭度在 0.5 以下，或出现林窗的，要进行补植。

5) 采伐剩余物处理。

采伐剩余物处理应达到以下要求：

①采伐后要及时将可利用的木材运走，同时清理采伐剩余物，可采取运出，

或平铺在林内，或按一定间距均匀堆放在林内等方式处理；有条件时，可粉碎后堆放于目标树根部鱼鳞坑中。坡度较大情况下，可在目标树根部做反坡向的水肥坑（鱼鳞坑）并将采伐剩余物适当切碎堆埋于坑内。

②对于感染林业检疫性有害生物及林业补充检疫性有害生物的林木、采伐剩余物等，要全株清理出林分，集中烧毁，或集中深埋。

6）补植。

采取补植抚育后的林分应达到以下要求：

①选择能与现有树种互利生长或相容生长，并且其幼树具备从林下生长到主林层的基本耐阴能力的目的树种作为补植树种。对于人工用材林纯林，要选择材质好、生长快、经济价值高的树种；对于天然用材林，要优先补植材质好、经济价值高、生长周期长的珍贵树种或乡土树种；对于防护林，应选择能在冠下生长、防护性能良好并能与主林层形成复层混交的树种。

②用材林和防护林经过补植后，林分内的目的树种或目标树株数不低于每公顷 450 株，分布均匀，并且整个林分中没有半径大于主林层平均高 1/2 的林窗。

③不损害林分中原有的幼苗幼树。

④尽量不破坏原有的林下植被，尽可能减少对土壤的扰动。

⑤补植点应配置在林窗、林中空地、林隙等处。

⑥成活率应达到 85% 以上，三年保存率应达 80% 以上。

7）人工促进天然更新。

采取人工促进天然更新抚育后的林分应达到以下要求：

①达到天然更新中等以上等级；

②目的树种幼苗幼树生长发育不受灌草干扰；

③目的树种幼苗幼树占幼苗幼树总株数的 50% 以上。

8）修枝。

采取修枝抚育后的林分应达到以下要求：

①修去枯死枝和树冠下部 1~2 轮活枝；

②幼龄林阶段修枝后保留冠长不低于树高的 2/3、枝桩尽量修平，剪口不能伤害树干的韧皮部和木质部；

③中龄林阶段修枝后保留冠长不低于树高的 1/2、枝桩尽量修平，剪口不能

伤害树干的韧皮部和木质部。

9）割灌除草。

采取割灌除草抚育后的林分应达到以下要求：

①影响目的树种幼苗幼树生长的杂灌杂草和藤本植物全部割除；提倡围绕目的树种幼苗幼树进行局部割灌，避免全面割灌；

②割灌除草施工要注重保护珍稀濒危树木、林窗处的幼树幼苗及林下有生长潜力的幼树幼苗。

10）浇水。

采取浇水抚育后的林分应达到以下要求：

①浇水采用穴浇、喷灌、滴灌，尽可能避免漫灌；提倡采用滴灌或喷灌等节水措施；

②浇水后林木生长发育良好。

11）施肥。

采取施肥抚育后的林分应达到以下要求：

①追肥种类应为有机肥或复合肥；

②追肥施于林木根系集中分布区，不超出树冠覆盖范围，并用土盖实，避免流失；

③施肥应针对目的树种、目标树，或Ⅰ级木、Ⅱ级木、Ⅲ级木；

④应经过施肥试验，或进行测土配方施肥。

2. 维持和保护森林资源指标

（1）森林吸收二氧化硫和阻滞粉尘量。森林吸收二氧化硫的量可以根据不同树种对二氧化硫的吸收能力来计算。

计算公式：$W = \sum (S_i \cdot N_i)$　　　　　　　　　　　　　　（8－1）

W 为森林吸收二氧化硫的量（K/a）；N_i 为第 i 类森林吸收二氧化硫的能力 $[K/(Fm^2 \cdot a)]$；S_i 为第 i 类森林的面积（Fm^2）。

森林阻滞粉尘的量可以根据不同森林类型的滞尘能力来计算。

计算公式：$Y = \sum (S_i \cdot M_i)$　　　　　　　　　　　　　　（8－2）

Y 为森林阻滞粉尘的量（t/a）；M_i 为第 i 类森林阻滞粉尘的能力 $[t/(Fm^2 \cdot$

a)〕；S_i 为第 i 类森林的面积（Fm^2）。

表 8-2　不同类型森林吸收二氧化硫和阻滞粉尘的能力

单位：$t/(Fm^2 \cdot a)$

森林类型	阔叶林	针叶林
吸收二氧化硫的能力	0.08865	0.2156
阻滞粉尘的能力	10.11	33.20

（2）林区减少土壤侵蚀量指标。

根据各种有林地与无林地的土壤侵蚀差异量来计算森林减少土壤侵蚀的量，计算公式如下：

$$V = \sum (S_i \cdot T_i) \tag{8-3}$$

V——森林减少土壤侵蚀量（t/a）；S_i——第 i 种类型林地的面积（Fm^2），T_i——第 i 种类型林地的单位土壤保持量〔$t/(Fm^2 \cdot a)$〕。

表 8-3　不同林地类型的土壤保持量　　单位：$t/(Fm^2 \cdot a)$

林地类型	幼林	成林	经济林	灌丛、疏林	其他
单位土壤保持量	3.59	5.24	4.41	4.83	2.96

（3）国有林场森林碳储量和固碳制氧量指标。众所周知，森林是陆地生态系统中最大的碳库，在森林中保存了大量的碳储备。有具体研究指出，森林生态系统主要是从以下方面对全球碳循环过程起到重要的作用。

既然森林对碳储存起到如此重大的作用，那么更应该对森林固碳效益进行量化，从而能够更好地衡量国有林场的生态效益。要确立森林固碳效益两个可以量化的指标：第一是年积累碳量，第二是现存碳储量。年积累碳量指的是森林的年度重新固碳效益，而现存碳储量的是森林储存碳的效益。年积累碳量和现存碳储量都同等重要，两者具有同样的价值。如果森林遭到破坏，那么其储存的碳将会被释放出去，从而很可能导致全球气候变化的状况出现。同时，要明确年积累碳量和现存碳储量的变动应当用森林碳储量和年均固碳制氧量来表示。

当前，对森林长期碳蓄积量变化的研究一般归结为以下三种方法：模型评估法、气体交换方法以及测树学方法，其中测树学方法最为大众广泛使用。

测树学方法，又称收获法，这一方法可以分为以下两部分：一是生物量的测定，二是在生物量测定基础上，推算出的森林年净生产量，其中，森林的生物量包括乔木层生物量、林下植被生物量（涵盖灌木层生物量、草本层的地表部分以及地下部分的生物量）。根据碳的转化比率的计算公式，在计算出森林总生物量和森林年净生产量后，就能够计算出森林碳储量和年均固碳制氧量了。

（4）国有林场森林水源涵养量指标。

众所周知，森林具备一定的水源涵养功能，从狭义来看水源涵养功能指的是"森林拦蓄降水或调节河川径流量的功能"，从广义来看其指的是"森林生态系统内多个水文过程及其水文效应的综合表现"，而森林涵养水源量则是森林水源涵养功能的具体量化表现，是指森林增加的有效水量。

森林水源涵养量的计算方法主要有以下三种：区域水量平衡法、降水再分配法以及地下径流增长法等。

1）区域水量平衡法。区域水量平衡法是按照以下公式计算得出：

森林涵养水源总量 = 森林区域的总降水量 - 森林区域的总蒸散量

森林蒸散量需要通过实验观察。如果可以得到确切的森林蒸散量数据，那么该方法可以被认为是一种简单、准确的大型森林区域水源涵养量的估算方法。然而，我国大部分森林类型的蒸散量数据难以获取，因此该方法的应用是十分有限的。

2）降水再分配法。降水再分配法是指将森林的水源涵养功能表现为森林对降雨的再分配过程，通过森林植物层、枯枝落叶层和土壤层三个作用层对降雨的拦蓄作用实现水源涵养的一种方法。因此，森林涵养水源量的计算公式为：森林涵养水源总量 = 植被层的降水量 + 枯枝落叶层的降水量 + 土壤层截留的降水量。

同时，该方法还需要基于大量的森林水文实验观测数据，可以按不同的比例使用，是一种相对准确的方法。

3）地下径流增长法。地下径流增长法则是利用地表径流增加量来表示森林生态系统涵养水源总量的一种方法。

运算公式为：$Q = \sum (S_i \cdot J \cdot K \cdot R_i)$ 　　　　　　　　　　　（8 - 4）

其中，Q——森林生态系统涵养水分与裸地相比较的增加量（m^3/a）；S_i——不同类型林地的面积（Fm^2）；J——该区域年均降雨总量（mm）；K——不同区域的侵蚀性降雨比例；R_i——森林生态系统与裸地比较减少径流的效益系数。

表 8-4　不同林地类型减少径流的效益系数

林地类型	阔叶林	针叶林	竹林	灌丛、疏林
R	0.39	0.36	0.22	0.16

（二）国有林场营林业务考评运作体系

1. 考评方法的设计

国有林场营林业务考核得分（基准分 100 分）。

实行 2 个一类指标，5 个二类指标考核，9 个三类指标（每项分值均为 100 分计算）：

（1）一类指标（2 个）。

K1——生态效益，占比 75%；K2——社会效益，占比 25%。

（2）二类指标（5 个）。

K3——森林资源培育指标，占比 50%；

K4——维持和保护森林资源指标，占比 50%；

K5——提供科研、教育、旅游、游憩的场所的程度，占比 60%；

K6——在地方林业建设中的带动作用，占比 20%；

K7——林场在岗职工人数及变化指标，占比 20%。

（3）三类指标（9 个）。

K9——造林成活率指标，占比 40%；

K10——森林抚育验收指标，占比 60%；

K11——森林吸收二氧化硫和阻滞粉尘量，占比 25%；

K12——林区减少土壤侵蚀量指标，占比 25%；

K13——林区固碳制氧量指标，占比 25%；

K14——林区水源涵养量指标，占比 25%；

K15——林木良种使用率指标，占比50%；

K16——林业科技成果在适宜地区覆盖率，占比25%；

K17——林场专业技术人员的数量、比率和充足程度，占比25%。

特别说明：

$$
\begin{aligned}
季度考核分数 &= K1 \times 75\% + K2 \times 25\% \\
&= (K3 \times 50\% + K4 \times 50\%) \times 75\% + (K5 \times 60\% + \\
&\quad K6 \times 20\% + K7 \times 20\%) \times 25\% \\
&= [(K9 \times 40\% + K10 \times 60\%) \times 50\% + (K11 \times 25\% + \\
&\quad K12 \times 25\% + K13 \times 25\% + K14 \times 25\%) \times 50\%] \times \\
&\quad 75\% + [(K5 \times 60\% + (K15 \times 50\% + K16 \times 25\% + \\
&\quad K17 \times 25\%) \times 20\% + K7 \times 20\%] \times 25\%
\end{aligned}
$$

年终考核分值为各季度考核分值平均值。

2. 考评步骤的设计

（1）平时考核测评。各国有林场营林业务相关的基层单位应当按照绩效考核规定要求，自我进行每月一次的考核测评，各科室每月由办公室、人事科组织一次考核测评；各基层单位每月10日前上报本月工作预案和上月预案销号绩效考核结果、自行测评结果，绩效考核结果作为每月绩效考核工资发放依据。

（2）管理人员集中测评。年终时，考核小组将前往各国有林场营林业务相关的基层单位对其管理人员进行民主测评，届时考核结果将由考核小组计入年终综合测评。

（3）集中考核。

1）各国有林场营林业务相关的基层单位：一是依照国有林场制定的考核项目和考核标准，由相关的基层单位对每年年初预设工作任务的完成情况进行打分，再由相关的基层单位得出综合分；二是按照国有林场营林业务相关的基层单位年度工作完成情况和管理人员履职情况，由国有林场的党委对其进行考核并打分。

2）岗位标兵奖：首先，根据个人的履职和任务完成情况，由各国有林场营林业务相关的基层单位推荐工作先进个人候选人数名。其次，在国有林场的民主测评会上，对候选人进行集中投票，从而产生岗位标兵。

（4）年度测评。

依据各个国有林场每年年初设置的工作要求和各个国有林场的营林业务管理人员年度工作的完成情况和履职情况，管理人员要进行公开的述职。而国有林场营林业务相关的基层单位全体职员则由基层单位和党委班子的成员组织起来，进行绩效测评，其测评结果由以下三部分相加构成：单位民主测评分、平时考核测评分以及集中民主测评分。测评结果将按照优、良、中、差四个档次进行评判。

（三）国有林场营林业务绩效考核结果的应用

1. 把绩效考核结果作为改进工作的依据

将绩效考评结果反馈被考评单位，作为改进工作的重要依据，推进考评对象进一步改善管理，完善制度，不断提高工作水平。各单位要根据绩效考评结果，认真分析和查找工作中的薄弱环节，制定针对性的整改意见，建立健全绩效管理制度，强化自身建设，促进机关服务水平和群众满意度的不断提高。

2. 把绩效考核结果作为给予奖惩的依据

根据年度绩效考评结果，按照奖优、治庸、罚劣的原则，建立和完善相应的奖惩机制。将绩效考评结果作为绩效奖励的依据。根据考评结果，按照优秀、良好、合格三个档次进行绩效奖励。评定为不合格的单位取消绩效奖励。个人违反有关规定被地区效能告诫通报一次的个人减发50%的绩效奖励，被通报两次以上的个人不给予绩效奖励；被自治区查到违反工作纪律的个人不给予绩效奖励，并要向国有林场的党委组织以书面形式提交个人整改意见。对被评为不合格的单位，国有林场应予以调查，对因违法违规等不良行为而导致绩效考核不合格的单位予以通报批评，对因客观不可控因素而导致绩效考核不合格的单位，建议约谈相关负责人，了解清楚实际情况后再决定相应的应对措施。

（四）评价周期

国有林场营林业务的评价周期一般为季度和年度绩效评价两种。

四、人造板绩效管理考核体系的构建

（一）以广西F国有林场下属企业为例建立绩效指标体系

1. 企业层面的关键绩效指标

林业企业基于BSC的绩效评价模型，主要有以下四个维度：生态效益维度、经济效益维度、组织维度以及学习与成长维度。其中，生态效益维度和经济效益维度这两个维度是反映林业企业的运作成效及效率的结果维度，而组织维度和学习与成长维度则是对林业企业的结果产生影响的过程维度。因此，虽然生态效益维度和经济效益维度两者之间存在一定的关联，但是两者的关系并不明确。

把绩效评估理论和林业企业的特点相结合，尝试建立一个把经济、生态和社会绩效三者和谐统一的林业企业绩效评价指标体系。该体系具体运作原理如下：林业企业在绩效评价指标的作用下创作出更多的林业企业价值后，经济、生态和社会绩效三方才能享受比一般情况更多的价值剩余分配。

在这种绩效评价指标制度的作用下，林业企业能达到以下两方面的好处：一方面，能使得公司管理者不断提高自身的管理能力，能让员工更加辛勤努力的工作，战胜竞争对手，从而创造出更多的企业价值；另一方面，林业企业的所有资源能得到更高效的配置，而管理者、员工和股东也能够各得其所，才能够最终实现真正意义上的公平。

（1）经济效益维度。林业企业的经济效益反映了企业在经营与森林相关的生产活动中，出现的投入与产出以及所费与所得之间的相互关系。按林业经济效益评价的内容和标准的不同，经济效益可分为绝对经济效益和相对经济效益两大类。

有学者认为经济效益对于任何组织而言，无论是营利性组织还是非营利性组织，不仅是完成其他效益的一种约束条件，还是其他效益的最终价值体现形式。换句话说，即使站在非营利组织的立场上，只有在经济上达到满足利益相关者和当事人目标的要求，才能帮助非营利组织实现长期为其服务的能力。

同时，经济效益的好坏也将会影响到林业企业组织战略的实施和森林资源可持续经营的经济可能性，如一些国有林场曾经出现过的资源与财务危困这一双危

现象，进一步说明了经济效益维度的重要性。

所以，应当根据"经济利润"的定义来建立一个符合林业企业组织的利润替代指标，具体内容如表8-5所示。

表8-5　林业企业利润指标的构成

指标序号	指标构成
1	公式1　收入 = 会计收入 + 社会成本的节约（如环境治理成本的节约）+ 社会收益的增加（如环境改善带来的旅游收入的增加、土地价值的增加等）
2	公式2　成本 = 会计成本（支出）+ 社会成本的增加（如森林经营的占用产生地租，资金投入损失了利息等）
3	公式3　利润（EVA）= 收入 - 成本

其中，"社会成本"和"社会收益"两项指标无法直接确定，但是两者可以根据已经确定的评价原则来选取合适的替代变量。

同时，在收入公式中，由于环境改善带来的旅游收入的增加在会计收入中已经有所表现，并且土地价值的增加还受到其他因素的影响，所以环境改善带来的旅游收入和土地价值的增加这两部分在评价中都不予以考虑，因此需要同时把二者舍去。最终，林业企业计算时的收入就等于会计收入。

并且在成本公式中，森林经营地占用地租 = 森林经营地占用面积 × 单位面积地租，因为各国有林场的占地面积都很大，所以可以用所在区域的林地补助金代替上述公式中的"单位面积地租"。

所以，上述表格中的公式3可以变换为：林业企业利润（EVA）= 总收入 - （总支出 - 上缴税费 - 工资费用）- 职工总数 × 社会平均工资 - 总资产利息率 - 森林经营地占用面积 × 单位面积地租。

在林业企业利润（EVA）的基础上，用"净资产"来替代企业"权益"指标，从而进一步计算出权益净利率和资产净利率，就能够得到林业企业的绩效效率值。

（2）组织维度和学习与成长维度。由于组织维度和学习与成长维度是对生态效益维度以及经济效益维度起到共同影响的因素，所以这两个维度指标的设置将共同围绕着资源的消耗而展开。

对于组织维度而言，应当主要考虑管理成本，在林场处于正常运行状态和同等产出的情况下，管理成本越低，林业企业的绩效就越好。管理成本主要消耗的是资金、人力和土地。其中，资金要素的消耗大小和组织的人力消耗都需要结合组织本身的规模大小等多种因素来考虑，因为这两个要素对组织绩效的影响都存在不确定，所以在绩效评价中往往被忽略。而由于土地的有限性和林地对于林场经营的重要性，所以林场经营用面积与绩效往往是呈现反向变动。

对学习与成长维度而言，指标设置主要涉及员工和投资研发活动等。由于林场研发活动较少且往往混合在林业企业的经营管理活动当中，所以在绩效评价中往往忽略林场研发活动对学习与成长维度的影响；而员工的数量和质量则由职工的人数、职工受教育程度、职工福利（如是否存在欠发职工工资）等方面来表现。因此，在学习与成长维度方面，对林场绩效有正向影响的因素有以下几个：职工人数、高学历职工人数、职工福利。

（3）生态效益维度。

生态效益＝涵养水源＋保育土壤＋固碳释氧＋积累营养物质＋净化大气环境＋森林防护＋生物多样性保护＋森林游憩＋有林地面积＋森林质量。

上述的涵养水源、保育土壤、固碳释氧、积累营养物质、净化大气环境、森林防火、生物多样性保护、森林游憩这八个指标的数据即使有对应的计算公式，但因其受到相关参数获取的专业性和成本高以及难度大的影响，数据获得不稳定，所以需要同时把上述八个指标舍去。因此，构成生态效益维度的就主要变成了后两个指标，生态效益维度的计算公式则变成了：生态效益＝有林地面积＋森林质量。

通常同样条件下，森林蓄积量越大说明森林质量越好，因此设：森林质量指标1＝森林蓄积量/有林地面积。

在有些国有林场的林地构成中存在疏林地，疏林地可分为原始疏林地和次生疏林地。原始疏林地指的是因为当地自然条件差、林木生长缓慢、天然更新困难而形成的林地；次生疏林地指的是在人为原因的作用下，使有林地经过次生逆向演替而形成的疏林。

通常同样条件下，疏林地越少说明森林质量越好，因此设：森林质量指标2＝疏林地林场/经营面积。

通常同样条件下，国有林场生态效益越好，人们消费生态效益的愿望越强，国有林场的森林旅游接待人次就越多，考虑到林场区位因素的影响，因此设：生态效益指标 1 = 森林旅游接待人次/距离系数，其中：距离系数 = 距离县城公里数/各评价林场距离县城公里数的评价数。

通常同样条件下，国有林场生态效益越好，人们消费生态效益的愿望越强，国有林场的旅游收入及相关业务收入越多，因此设：生态效益指标 2 = 林场旅游收入 + 其他业务收入。

显然，生态效益指标与生态效益指标在本质上是一致的，实际评价中可根据数据状况选择其中之一即可。

综上所述，各维度绩效指标的汇总如表 8 - 6 所示。

表 8 - 6　各维度绩效指标的说明

维度	指标	说明
生态效益维度	森林数量指标	有林地面积
	森林质量指标 1	有林地面积/前两年优势树种的面积
	森林质量指标 2	森林蓄积量/有林地面积
	森林质量指标 3	1 - 疏林地/林场经营面积
	生态效益指标 1	森林旅游接待人次/距离系数
	生态效益指标 2	林场旅游收入 + 其他业务收入
经济效益维度	EVA	总收入 - （总支出 - 上缴税费 + 工资费用） - 职工总数 × 社会平均工资 - 总资产 × 利息率 - 森林经营地占用面积 × 单位面积地租
	权益净利率	EVA/净资产
	资产净利率	EVA/总资产
组织维度	组织维度指标 1	林场总面积/林场经营用面积
	组织维度指标 2	是否贫困
	组织维度指标 3	林权证核发面积/经营总面积
学习与成长维度	学习与成长维度指标 1	职工人数
	学习与成长维度指标 2	高学历职工/职工人数
	学习与成长维度指标 3	职工福利（有欠发工资为 0，无欠发工资为 1）

2. 部门、岗位的岗位职责指标

部门、岗位的岗位职责指标要以生产验收营林成效的情况为主，同时要结合平时检查进行考核打分，其中营林成效占 70 分，平时对质量的检查情况占 30 分，按采伐部门和生产部门实行扣分制。

（1）采伐部门。采伐部门的扣分标准设置，如表 8 - 7 所示。

表 8 - 7　采伐部门的扣分标准

标准序号	扣分标准
1	如果采伐部门不能够及时地完成年初规定的任务要求，那么应该依照没有完成的量扣分，标准如下：每 35 亩扣 1 分
2	如果采伐部门没能进行间伐标号又或者无法依照标号进行间伐的，则按照每 45 亩扣 1 分的标准进行评分
3	在对间伐质量进行检查时，应该抽样标准地，对各抽样点数据进行综合平均，如果抽样点的未间株数或错间株数超过 1 株，那么按照每 4 株 1 分的标准进行扣分；如果抽样点的间伐伐蔸高于 5 厘米，则按照每高 2 厘米扣 1 分的标准操作；如果抽样点的刀抚伐蔸高于 10 厘米，则依据每高 3 厘米扣 1 分的标准评分
4	如果采伐部门没能使得间伐材全部完成出山，那么要按照扣 1~5 分的标准进行评分
5	如果采伐部门应按要求进行修枝而未修的，那么要按照每 25 亩扣 1 分的标准进行评分

（2）生产部门。生产部门的扣分标准设置，如表 8 - 8 所示。

表 8 - 8　生产部门的扣分标准

标准序号	扣分标准
1	如果生产部门的定额制定不合理，那么要按照每次 2 分的标准进行评分
2	如果生产部门的验收单据填写不合规定，无负责人签字或盖章，那么要按照每张验收证扣 1 分的标准进行评分
3	如果生产部门不进行实地验收的，那么要按照每次扣 4 分的标准进行评分
4	如果生产部门乱开验收证的，那么要按照每次 250 元扣 2 分的标准进行评分
5	如果生产部门的验收员收贿造成损失在 250 元以下扣 1~5 分，那么要按照 150 元以上计 0 分的标准进行评分
6	如果生产部门挤占生产资金，那么要按照每 1000 元扣 1 分的标准进行评分
7	如果生产部门的营林生产资金超过计划数，就按每超过 2000 元扣 1 分的标准进行评分
8	如果生产部门要求写施工方案，那么要按照每少一项 0.5 分的标准进行评分
9	如果生产部门的管理工作人员督查不到位，存在懈怠行为，则扣 1 分，最高扣 5 分

3. 各岗位各类人员的岗位胜任特征指标

表8-9　各岗位人员的岗位胜任指标

考核指标			单位	指标说明
木材生产	当月		吨	到厂并计入系统的过磅木材量
	累计		吨	
木材成本	累计		元/吨	到场成本扣除立本成本和规费后的总成本
种植面积	累计	新重改萌	亩	完成栽植或萌芽定株，且已验收入系统的面积
造抚成本	累计	造林+抚育	元/吨	1. 当年完成栽植、定株并计入系统的总成本（不含土地成本） 2. 各年林在本年繁盛抚育作业并计入会计系统的直接人工与物料等成本（总费用/作业面积） 3. 含分摊的制造费用、护林费用等 4. 造抚成本 　=（造林+抚管总成本）造林面积 　=抚管总成本/追肥面积（无造林有抚育期间） 　=日常费用+护林费用（无造林和抚育期间）
造林质量	当月	成活率　2个月	%	在本年度生长期足月的新重改萌 PAT 调查实际成活率
		树高　6个月	%	以 MAI＝2.5 立方米，树高＝3 米为标准，不含萌芽林
		无草率　2、6个月	%	在本年度生长期足月的新重改萌 PAT 调查实际无草率
		预估 MAI　12个月	立方米/亩·年	新重改含皮 MAI，2010 年标准为 2 立方米/亩·年
管护质量	当月	巡护到位率	%	考核月案发数小于等于物件得 100 分，6 件得 99 分，7 件得 98 分，8 件得 97 分，9 件得 96 分，以此类推，考核月案发数 15 件得 90 分
	累计	过火率	%	过火面积/有林面积×100%
		损失额下降率	%	1－月均千亩损失额/上年月均千亩损失额
		结案率	%	本年结案数量/（上年未完结件数量＋本年新增案件数量）
护林费用	累计	日常费用	元/亩	依会计核算原则应当归入该科目的费用，含首席办、派驻人员费用，不含折旧与摊销
		其他护林费用	元/亩	如临时护林员、防火线、防牛沟费用等

4. 各岗位的工作态度指标

工作态度的指标包含责任心、原则性、工作进取性和团队精神，从这方面的指标来看工作能力得分高的员工在工作态度方面得分都是最高的，而工作能力得分低的员工工作态度指标得分仍然是最低的，得分低的员工应该引起高度重视，全方面地提高。

对员工的绩效考核表格如表 8-10 所示。

表 8-10　年度绩效评价

评价尺度	优秀（10），良好（8），一般（6），较差（4），很差（2）
考核内容	考核指标
工作业绩	完成工作任务的情况
	完成工作任务的质量
	对工作的投入量
	对组织的贡献率
	对同事的贡献率
工作态度	对工作的积极性
	和团队的协作性
	对工作认真负责的态度
	是否能够虚心接受他人意见
工作能力	业务能力
	沟通能力
	协调能力
	分析解决问题能力
	创新能力
个人品质	政治修养
	职业道德
	社会责任感
学习能力	出勤状态
	学习态度
	带动他人学习

（二）以广西 F 国有林场下属企业为例考评运作体系

1. 考评方法的设计

考核得分（基准分 100 分）。

实行 5 个一类指标，22 个二类指标考核（每项分值均为 100 分计算），具体
绩效考核体系如下：

表 8－11　绩效指标体系

考核内容	权重	考核指标	权重
工作业绩	60%	完成工作任务的情况	16%
		完成工作任务的质量	24%
		对工作的投入量	4%
		对组织的贡献率	13%
		对同事的贡献率	3%
工作态度	11%	对工作的积极性	1%
		和团队的协作性	1%
		对工作认真负责的态度	3%
		是否能够虚心接受他人意见	6%
工作能力	16%	业务能力	6%
		沟通能力	1%
		协调能力	1%
		分析解决问题能力	4%
		创新能力	4%
个人品质	5%	政治修养	1%
		职业道德	3%
		社会责任感	1%
学习能力	8%	出勤状态	1%
		学习态度	6%
		带动他人学习	1%

表 8-12　工作业绩的具体业绩指标

考核指标		占比
木材生产	当月	—
	累计	—
木材成本	累计	—
种植面积	新重改萌	—
造抚成本	造林＋抚育	—
造林质量	成活率	—
	树高	—
	无草率	—
	预估 MAI	—
管护质量	巡护到位率	—
	过火率	—
	损失额下降率	—
	结案率	—
护林费用	日常费用	—
	其他护林费用	—

　　业绩具体指标在业绩指标板块中占比可以自行决定。特别说明：年终考核分值为各季度考核分值平均值。

　　2. 考评步骤的设计

　　广西 F 国有林场下属企业的考评步骤设计与上述国有林场营林业务的考评步骤的设计保持一致。

　　（三）以广西 F 国有林场下属企业为例的绩效考核结果应用体系的构建

　　（1）年中晋升。基层员工年中晋升的设置流程，如表 8-13 所示。

表 8-13　基层员工年中晋升流程

流程序号	流程内容
1	分数 1 = 上年年终累计绩效考核分数 × 70% + 本年累计绩效考核分数 × 30%
2	分数 2 = 上年年终个人行为指标评核分数行为评核指标包括以下四项：创新、交叉分享和学习工作态度、团队合作以及精神状态
3	年中晋升评核分数 = 分数 1 × 75% + 分数 2 × 25%
4	年中晋升评核分数 > 85%，且分数 1 > 90% 的基层员工都可获得晋升机会

（2）年终加薪。为了达到激励员工的目的，公司应该在薪酬结构的基本薪酬组成部分扩大差距，以配合最终加薪。

第一，可以将基层员工中的一线员工和二线员工分成两个组，分别按照年终绩效考核评分和考核评分进行排名，同时要求只有评分在 85 分及以上的员工，才有资格争夺年终加薪的名额，形成一线员工和二线员工各自的加薪队列；第二，按照各加薪队列排名，给前 10 名者提供加薪奖励。

（3）处罚机制。除了必要的奖励措施之外，公司还应当设置科学的绩效结果处罚机制并严格执行它。具体处罚机制的设置如表 8 - 14 所示。

表 8 - 14　公司各等级员工绩效结果处罚机制

公司各等级员工	具体处罚内容
部门主管级员工	若部门主管级员工属于第一年度绩效考核，则应该根据处罚确认生效的时候开始扣罚绩效，但是如果第二年连续两个季度的绩效考核都达标且名次为 10%，那么就恢复部门主管级员工的绩效；而如果连续两个年度绩效考核都不达标，那么就应该对该部门主管级员工采取降级使用的处罚，其要想再度晋升的话，方法等同于普通员工
普通员工	若普通员工属于第一年度绩效考核，则应该根据处罚确认生效的时候开始扣罚绩效，但是如果第二年第一个季度的绩效考核达到要求且名次为 30%，那么就恢复普通员工的绩效；而如果连续三个年度绩效考核都不达标，那么就应该予以该普通员工职级降级处分；如果在下一年度继续出现有连续三个月绩效考核不达标的情况，则予以该普通员工劝退处罚

第三节　国有林场绩效管理体系的实施与改进

作为重要的社会公益事业和基础经济产业，加强对国有林场的绩效管理研究和改进，提高国有林场管理的高效性，对于区域造林绿化建设和森林经营攻坚战具有重要意义。结合前文的介绍，本节将针对绩效管理方面存在的不足和问题提出相对应的提升绩效的对策和建议。

一、推进绩效管理制度体系建设

国有林场绩效管理困境现已逐步得到中央和地方政府越来越大的关注，但由于尚无规章制度级别的法律提供保障，大多时候国有林场的绩效管理都仅依靠传统官僚管理体制，以行政手段推动工作的开展。这种模式缺乏持续的前进推动力，且管理方式科学性先进性不足，已无法适应现今新形势下林业新发展的要求。大部分国有林场上不具有独立经营的能力，单靠国有林场自身的努力，没有国家相关政策法规的支持和相关投入，是远远无法维持基本运营的。因此，根据国有林场行业特性和管理规律，推进符合我国国情的国有林场绩效管理法治体系的建设迫在眉睫。

（一）完善林业税收政策和手续

20世纪末，我国逐渐由计划经济体制转变为市场经济体制，之后先后进行了财税改革，包括财政分权、财政包干制、营改增等大变革措施。林业税费作为财税改革体制的重要一环，备受学术界和实务界关注和讨论。目前，林业税收主要包括林业税和林业费，林业税涉及的税种包括增值税、增值税附加、城市维护建设税、契税、房产税、车船使用税、企业所得税、印花税、消费税、关税、土地税、农业特产税、附加税等；林业费包括林业保护建设费、维简费、养路费、市场管理费、木材销售咨询费、林业保护建设费等。林业税是以法律法规形式进项强制无偿征收，林业费则是作为税的补充，由各级林业部门自主制定收费项目。

自20世纪80年代中期开始，我国关于林业税税负过重、收费乱杂、"轻税重费"、征管不规范等矛盾争端一直备受争议。为了保护生态公益林的同时保障经济收益，建议简化税收征收手续，并区分对待公益林与商品林的税收，前者可实行免税，后者可实行根据交易额以固定税率征收所得税率，同时对于多造林的国有林场和林业企业给予一定的造林补贴，或者是从收取的所得税中返还一部分。这样不仅可加强国家财政转移支付的力度，还可调动国有林场和林业企业营林造林的积极性，实现"取之于林，用之于林"的良性循环。

（二）建立预算偏差考核制度

在预算执行过程中，时常出现经营过程中的实际生产、成本以及销售与编制的预算存在诸多差异，导致这一现象的原因并不是单一的，是所处的内、外部影响因素综合作用下的结果。而这些内、外部因素又可以进一步根据能否被生产、成本销售预算责任方控制具体分成两大类别。因此，在进行绩效考核评价时，应该充分分析造成该结果的根本原因，做到具体情况具体分析，如果是市场整体行情突然发生变化或者由于供、销货方偶发性的非正常的行为导致预算执行的相关人员没有达到预期目标，造成预算偏差，应该从人情化的角度去正常衡量，不将其归咎于预算执行的相关人员身上，避免考核评价过于刻板化、无人性化。而对于那些在可控范围内造成的预算执行偏差，应该归责于具体的人员身上，将偏差纳入其绩效考评当中。

因此，国有林场应该立足于本年度重大事项的具体报告分析情况，通过对年初编制的预算、相关具体预算目标具体执行的表现情况、年终预算的执行结果以及执行过程中的协同程度等方面的具体分析，最终计算得出考核指标数值。国有林场应在预算考核评价的指标体系中加入预算执行偏差率指标，要深入地分析该预算偏差产生的最终根源。具体而言，在对预算执行结果进行考核评价时，负责考核评价的相关部门应该搜集相关资料，对最终得出的相关绩效考核指标的异常表现值进行分析，深入挖掘其中的缘由，再从相关责任人员不可控因素和可控因素两个角度来具体分析考量，对各相关责任方由于不可控因素导致的实际情况偏离预算指标的情况，如果经确认属实，则将其不纳入最终考评的依据中。对属于责任人员可控范围内的预算偏差不予剔除，仍将其纳入最终的考核评价依据中，使最终的预算考核评价结果具有真正的参考意义，应在矛盾普遍性原理的指导下，具体地分析矛盾的特殊性，并找出解决矛盾的正确方法。另外，负责考评的相关工作人员应该认真核实造成预算偏差原因的真实度与可信度。

二、加强国有林场绩效管理体系基础建设

（一）构建国有林场绩效管理领导班子

林场要想积极地向前发展，离不开林场的管理者正确的领导。对于林场领导

来说，首先，应该要重视林场的绩效管理工作。其次，林场的领导层需要相互合作，各司其职，积极明确领导的权责范围。再次，要公开透明地选拔领导干部，以才能、品德等为选拔标准，择优选用，这样才能建立优质的管理团队，提升其综合素质。最后，还应建立健全《林场领导干部职责》等有关规章制度，落实领导干部竞争上岗的机制，对林场的领导班子进行监督制约，制定相应的奖惩措施。所谓的"好的林场领导集体就相当于好的林场"就反映的是这一道理。

（二）加强国有林场及其下属子公司的绩效管理培训

为了能够有效地运行林产工业企业的绩效管理系统，林场及林业企业系统中的主要参与人员尤其是直接管理人员和企业员工，必须要接受与理解绩效管理系统，拥有完成绩效管理系统目标的责任感，把握进行绩效管理的技巧与方法。此外直接管理人员与企业的员工并非绩效管理与人力资源管理的专家，所以，绩效管理培训是实施绩效管理体系的重要环节，绩效管理系统的实施成功与否是由绩效管理培训的内容和效果这两个主要因素所决定的。绩效管理培训指的是企业培训开发系统中的一个重要环节，该环节在程序与方法上与一般的培训相比大致相同，没有明显区别。就培训的内容而言，绩效管理培训由以下步骤来实现：

通过在企业内部加强对绩效管理培训的宣传，让直接管理者和员工能够清楚地知道、充分地理解并且完全接受绩效管理系统。绩效管理不是一个简单的系统，相反它的设置和运作是极为复杂和精密的，因为绩效管理系统的直接作用者和具体实施者是直接管理者和员工，如果想要确保绩效管理系统的顺利实施，关键就在于要确定二者能够自觉地履行其自身的职责，所以绩效管理培训的重中之重就是要培养二者的责任感。企业要想实现一个完整的绩效管理系统的构建和实施，就要以相对应的绩效管理理论为依据，要运用各种管理方法。而上述问题的解决都离不开绩效管理培训，只有绩效管理培训被采用，才能使管理者和员工能够更好地掌握绩效管理系统。

想要将绩效管理培训取得更好的效果，至关重要的是取得高层管理人员对绩效管理培训的支持和理解，他们的支持可以使受训人员更重视绩效管理的培训，而且培训需要的资源也可以受到保障。国有林场应该为其提供学习和指导林业专业技术的机会，此外，直接管理人员如果参加绩效管理培训计划，就可以更加精准地把控绩效管理培训的突出方向和重点，并联合林业专家通过多元化途径，比如专题讲座、教育与劳动技能培训班、面对面指导等，将先进的专业知识和绩效管理观念传授给国有林场及其下属林业企业的广大干部和从业人员，从而建立系统化的培训体系，促进林场与林场之间、林场与企业之间进行相互交流学习，让培训活动可以更符合国有林场企事业单位实际的需要。与此同时，绩效管理培训有收益或产出，当然也有投入，包括时间和资金等方面的投入，因此要做好绩效管理培训的投入产出分析，以确保绩效管理培训取得实效。

（三）配合新财务制度更新绩效管理制度

实现国有林场绩效管理，需要全面的财务信息以提供林场企事业单位的财务状况和产品服务收支情况，以更有效匹配绩效考核结果与经济活动实际情况，这就需要将政府的会计领域与绩效管理领域结合，修正政府收付实现制会计制度，加入权责发生制会计核算因素，以增强国有林场财政财务会计管理能力，为国有林场对日常经营进行绩效管理信息数据收集、披露和分析应用奠定科学可靠的信息基础。

（四）促进绩效监控与预算执行、资金使用相结合衔接

国有林场绩效管理目标必须符合组织使命、国家战略和单位的总体发展规划。这就要求建立财政监督、预算执行与绩效管理的全方位、多层次、立体化的监督体制。

另外，逐步建立以现金流量管理为核心的刚性监督调控体系，强化对预算资金的使用状况的追踪与审查。针对专项资金的绩效管理，则应以林业的相关政策规定、发展战略和预算为基础，根据生产建设任务量、林场和下属子公司的发展状况、地方政府对其的关注状况、项目的建设目标、具体内容以及建设难度等因素进行进一步修正。

三、按照可持续发展的观念构建绩效评估指标

绩效评估指标体系的设计，关系到社会效益、政治效益、生态效益和经济效益的反映。应基于财政部颁布的绩效指导文件理论框架，结合国有林场各部门实际情况，借鉴相关国内外理念，总结多方实践经验，最终形成一套规范统一的绩

效评估指标。

在绩效评估指标体系构建过程中，应结合定性指标和定量指标，建立综合性强的个性化共性指标体系。而绩效评估指标应当与国有林场的各个绩效管理环节相匹配，至少应该包括战略绩效评估指标、预算绩效评估指标、投融资绩效评估指标、财务核算绩效评估指标、生产经营绩效评估指标。相应指标应结合各环节的改进措施进行设计，切不可"一刀切"，应同时兼有客观理性定量指标、合理定性指标和丰富其他个性指标。

参考文献

[1] 蔡丹，李丹. BOT 项目融资模式探析[J]. 科技管理研究，2005（9）：270-272.

[2] 于学文，陈珂，张喜，杨欣. 中国林业风险及其防范措施分析[J]. 辽宁林业科技，2006（4）：32-34.

[3] 吴卫红，张爱美. 林业项目投资风险管理对策分析[J]. 林业经济，2006（9）：66-68.

[4] 曹建华，沈彩周. 基于林业政策的商品林经营投资收益与投资风险研究[J]. 林业科学，2006（12）：120-125.

[5] 张学勇. 中国林业投融资对策的思考[J]. 中国林业经济，2007（2）：14-16，61.

[6] 李岩峰. 东北国有林区森工企业对外投融资研究[D]. 黑龙江：东北林业大学，2008.

[7] 潘家坪，常继锋，姚萍，贾卫国，俞小平. 商品林投资风险的类型、成因与对策分析[J]. 林业经济问题，2008（2）：121-125.

[8] 施福军，莫昭展，梁海清. 创新拓展国有林场发展之路——以广西高峰林场为例[J]. 农技服务，2009，26（3）：135-136.

[9] 许晓丽. 中国林业风险管理及林业保险研究[D]. 江苏：南京林业大学，2009.

[10] 胡星隆. 高峰林场站在新起点谋划新思路[J]. 广西林业，2009（5）：58-59.

［11］刘凤平．中国林业投融资问题研究［D］.安徽：安徽大学，2010.

［12］秦涛．基于产业链视角的林业一体化风险管理体系研究［A］.//中国灾害防御协会风险分析专业委员会．"中国视角的风险分析和危机反应"——中国灾害防御协会风险分析专业委员会第四届年会论文集［C］.中国灾害防御协会风险分析专业委员会，2010：6.

［13］姜林．林权抵押贷款风险管理研究［D］.江苏：南京林业大学，2011.

［14］赵铁娟．林权抵押贷款风险防控研究［D］.湖北：华中科技大学，2012.

［15］彭咸．北京市国有林场融资问题探究［D］.北京：首都经济贸易大学，2014.

［16］广西国有高峰林场［J］.广西林业，2014（9）：50－51.

［17］广西国有高峰林场［J］.广西林业，2014（10）：50－51.

［18］黄侃．广西国有高峰林场对外租地造林现状分析［J］.南方农业，2016，10（6）：81－82.

［19］广西国有高峰林场［J］.林业经济，2016，38（3）：1.

［20］叶章凤．广西国有高峰林场加快第三产业发展的思考与探索［J］.中国农业信息，2016（10）：141－143.

［21］李佳．广西G林场企业集团资金集中管理改进研究［D］.湖南：湖南大学，2017.

［22］苏永娟．对新时期国有林场财务管理的思考［J］.时代金融，2018（3）：166，168.

［23］屈艳．高峰森林公园生态旅游开发研究［D］.广西：广西大学，2018.

［24］广西国有高峰林场［J］.广西林业，2015（2）：50－51.

［25］李冰心．从广西国有林场投融资现状谈构建林业投融资金融实体的思考［J］.品牌，2015（2）：81－82.

［26］何江，黎旭光，吴冠华．农业经济学原理［M］.北京：中国农业大学出版社，2002：324.

［27］黄光银．广西国有林场融资创新问题探讨［R］.广西壮族自治区林业勘测设计院.

［28］关于 2015 年广西林业统计年报资料的报告［R］．桂林报［2016］36号．

［29］财政部关于贯彻实施政府会计准则制度的通知［R］．2018.

［30］关于国有林场和苗圃执行《政府会计制度——行政事业单位会计科目和报表》的补充规定［R］．2018.

后　记

本书在写作过程中得到了财税专家和同行的鼎力帮助，在此衷心感谢广西大学商学院梁淑红教授给予的专业指导，感谢梁雯、曾国强等同行参与整理资料。

本书第一章、第三章、第四章、第五章、第六章、第七章由黄光银著，第二章、第八章由吴芹著。

衷心希望本书能够为林场财务同行提供一些参考和借鉴。由于作者水平有限，错误、纰漏之处在所难免，望各位读者不吝指教。